저자 소개

글 사회평론 역사연구소
오랫동안 어린이 교육과 역사 콘텐츠를 연구한 전문가들이 모여, 우리 아이들이 쉽고 재미있게 공부할 수 있는 책을 만들고 있어요. 《용선생의 시끌벅적 한국사》, 《용선생 교과서 한국사》, 《용선생 처음 세계사》, 《교양으로 읽는 용선생 세계사》 등을 쓰고 펴냈어요.

김언진 | 사회평론 역사연구소 연구원
국어교육을 전공했고, 초·중등학생을 대상으로 국어 및 독서 논술 교재 콘텐츠를 연구 개발했어요.

장유영
서울대학교에서 지리교육, 공통사회교육, 언론정보학을 공부했어요. 졸업 후 학교에서 학생들을 가르치다 지금은 어린이책을 만들고 있어요.

김선빈
고려대학교 국어국문학과를 졸업하고, 국어·사회과, 역사와 관련된 다양한 교육 프로그램과 콘텐츠를 개발했어요.

김선혜
고려대학교 사학과를 졸업하고, 여러 회사에서 콘텐츠 매니저, 기획 업무를 담당했어요.

정지윤
서울대학교 국어교육과를 졸업하고, 문화예술 기관에서 기획 업무를 담당했어요.

그림 김기환
교과서와 사보, 광고 등의 일러스트 작업을 했어요. 좋은 그림을 그려서 가치 있는 책을 만드는 데 도움이 되고 싶은 마음으로 작업 중이에요.

자문/감수 채미정
여행을 좋아해 세계 곳곳을 다닌 여행 전문가예요. 특히 히말라야 등반과 튀르키예를 좋아하는 튀르키예 마니아예요. 여행 서적 《프렌즈 터키》(중앙북스)를 썼어요.

캐릭터 이우일
홍익대학교에서 시각디자인을 공부했어요. 《우일우화》, 《고양이 카프카의 고백》, 《용선생의 시끌벅적 한국사》, 《교양으로 읽는 용선생 세계사》 등을 그렸어요.

용선생이 간다

세계 문화 여행 · 10

글 사회평론 역사연구소 | 그림 김기환 | 자문·감수 채미정 | 캐릭터 이우일

튀르키예

사회평론

차례

1일 이스탄불

장하다, 그랜드 바자르에서 길을 헤매다! 11

용선생의 스페셜 가이드
튀르키예, 이것이 궁금하다! 20

2일 이스탄불

허영심, 튀르키예에서 가장 큰 샹들리에를 보다! 23

용선생의 스페셜 가이드
이스탄불의 또다른 이름, 콘스탄티노폴리스 32

3일 사프란볼루

곽두기, 사프란볼루에서 배가 터질 뻔하다! 35

용선생의 스페셜 가이드
재미난 튀르키예 문화 알아보기 42

4일 앙카라

왕수재, 앙카라의 '한국 공원'에 가다?! 45

용선생의 스페셜 가이드
튀르키예의 아버지, 케말 아타튀르크 52

5일 카파도키아

나선애, 열기구 타고 카파도키아를 날다! 55

용선생의 스페셜 가이드
카파도키아의 별별 장소들 62

6일 도우베야즛

장하다, 아라라트산 아래에서 캉갈에게 쫓기다! 65

용선생의 스페셜 가이드
나라 없는 민족, 쿠르드족 72

7일 샨르우르파

허영심, 세 종교의 성지를 방문하다! 75

용선생의 스페셜 가이드
튀르키예 소녀 탈야의 이슬람교 일상 노트 82

8일 페티예

나선애, 지중해의 푸른 하늘을 날다! 85

용선생의 스페셜 가이드
튀르키예에서는 뭘 먹지? 92

9일 셀축

왕수재, 셀축에서 그리스와 로마 건축에 반하다! 95

용선생의 스페셜 가이드
옛날 옛날, 튀르키예에는 어떤 사람들이 살았을까? 102

10일 파묵칼레

곽두기, 파묵칼레에서 온천을 즐기다! 105

용선생의 스페셜 가이드
튀르키예의 세계 문화유산을 찾아서 112

퀴즈로 정리하는 튀르키예 116

정답 118

용선생

메르하바(안녕)!
여행 갈 준비는
끝났니?
이번 튀르키예 여행 역시
기대해도 좋아!

나선애

튀르키예는 유럽과 아시아에
걸쳐 있으니까
볼거리도 두 배!
바쁘게 움직이자~!

장하다

튀르키예 요리가
세계 3대 요리 중
하나래~
기대된다. 기대돼!

허영심

이 아름다운 문양~
우아한 나에게 딱이야!
예쁜 걸 찾아보자고!

왕수재

튀르키예는 역사가
엄청 오래된 나라야~
유적만 봐도 시간이
부족해!

곽두기

튀르키예에도 신기한
자연이 정말 많다지?
내가 다 찍어줄 테니까,
딱 기다려!

나도 같이
여행할 거야!
꼭꼭 숨어 있는
나를 찾아봐!

♥ 여행 9일째 셀축에서

간단한 튀르키예어 한마디만 배워 볼까? "안녕하세요!"는 "메르하바(Merhaba)!".

토막 회화 한마디!

"고맙습니다."는 "테쉐퀴르 에데림 (Teşekkür ederim)"이라고 하면 돼!

장하다, 그랜드 바자르에서 길을 헤매다!

보스포루스 해협 ▶ 튀넬 ▶ 이스티클랄 거리 ▶ 탁심 광장 ▶ 그랜드 바자르

유럽과 아시아의 경계 이스탄불

와아~ 드디어 튀르키예 여행 시작!

우리는 튀르키예에서 제일 큰 도시, 이스탄불에 왔어.

튀르키예의 수도는 '앙카라'지만, 이스탄불이 더 유명하고 볼거리도 많대.

"이스탄불은 유럽과 아시아에 동시에 걸쳐 있는 도시로도 유명하단다."

오잉? 그럼 튀르키예는 유럽인 걸까, 아니면 아시아인 걸까?

이쪽은 유럽!

우리는 유람선을 타고 이스탄불을 가로지르는 보스포루스 해협*을 지나보기로 했어.
이 바다가 바로 유럽과 아시아를 가르는 바다라고 해.

* 육지 사이의 좁고 긴 바다

"보스포루스 해협을 기준으로 동쪽은 아시아, 서쪽은 유럽이란다!"

와우, 그럼 이스탄불 사람들은 날마다 유럽과 아시아를 오가며 살 수 있겠네?

그래서 그런지 이스탄불에서는 예로부터 유럽과 아시아를 잇는 무역이 발달했대.

보스포루스 해협은 얼마나 좁아요?

▶ 가장 좁은 곳은 폭이 700미터 정도밖에 안 돼. 서울의 한강과 비슷한 셈이지. 그래서 언뜻 보면 바다가 아니라 큰 강처럼 보이기도 한단다!

꼬르륵~ 어느새 배꼽시계가 요란하게 울리기 시작했어. 배고파~

"여기 선착장에서 파는 고등어 케밥 한번 먹어 볼까?!"

오옷! 케밥이 먼지는 모르겠지만 맛있을 거 같아요!

고등어 케밥은 빵 사이에 고등어 구이를 끼워서 먹는 음식이었어.

냠냠, 새콤한 식초까지 뿌리니 꽤 맛있는데~?

여기 하나 더 주세요~!

고등어 케밥

내 케밥 내놔~!

손에 있는 거나 먹어!

고등어 케밥은 보스포루스 해협의 유람선 선착장에서만 맛볼 수 있는 명물이란다. 많이들 먹으렴~

음~ 맛이 시큼하긴 하지만, 식초를 뿌리니까 더 맛있는데?

케밥이 뭐예요?

▶ 케밥은 튀르키예어로 '구운 고기'를 뜻해. 얇게 썬 고기를 꼬치에 꿰서 숯불에 구워 낸, 튀르키예의 대표 음식이지. 케밥의 종류는 고등어 케밥을 비롯해 300여 가지나 있을 정도로 다양하단다.

📍 세계에서 두 번째로 오래된 지하철 튀넬

꼬마 지하철 튀넬

선착장을 떠나 지하철을 타러 갔어.

이제 이스탄불 최고의 번화가로 갈 거래.

"이 '튀넬'은 세계에서 두 번째로 오래된 지하철이란다. 140년이 넘었지!"

세상에! 튀르키예에 세계에서 두 번째로 오래된 지하철이 있다고?!

튀넬은 정말 작은 지하철이었어. 칸도 딱 한 칸에, 역도 두 개밖에 없더라!

그래서 그런지 5분 만에 목적지에 도착해 버렸지 뭐야?

왜 이렇게 짧은 거리를 다니는 지하철을 만들었어요?

▶ 이스탄불 최고의 번화가인 '이스티클랄 거리'가 높은 언덕 위에 있어서 사람들이 오가기 불편했거든. 그래서 언덕을 편하게 오르는 지하철을 건설한 거지.

"도착했다! 여기가 이스티클랄 거리야.
이스탄불에서 제일 붐비는 거리란다."
선생님 말대로 길거리는 바늘 하나 꽂을 여유가 없을 만큼 사람들이 많았어.
빨간색 트램이 오가는 길 양쪽으로 온갖 상점이 줄지어 늘어서 있었지.
"아이스크림 하나 먹고 갈래? 여기 돈두르마 가게가 있구나~!"
돈두르마는 쫄깃하고 잘 안 녹는 튀르키예식 아이스크림이래. 호호, 좋아요!
아니 근데, 아저씨 왜 아이스크림은 안 주고
약 올리는 거예요~!

돈두르마를 파는 상인

아이스크림 아저씨가 왜 약을 올리는 건가요?

▶ 기다란 봉에 쫄깃한 아이스크림을 붙인 뒤 줄 듯 말 듯 장난을 치는 게 돈두르마 상인들의 특기거든! 우리나라에서 돈두르마를 파는 사람들도 이런 방식으로 손님을 끌어모은단다.

이스탄불의 중심지 **탁심 광장**

휴! 한참 허둥댄 끝에 간신히 돈두르마를 얻어냈어.
힘들게 받아서 그런지 더 꿀맛이네. 히히!
"선생님~ 여기는 어딘가요? 광장이 무척 넓어요!"
그러게! 돈두르마를 먹으며 걷다 보니, 탁 트인 광장이 나타났어.
이곳은 **탁심 광장**! 튀르키예의 중요한 국가 행사나 축제가 열리는 곳이래.
튀르키예 사람들이 약속을 잡고 만나는 곳이기도 하더라고~

탁심 광장에서 벌어진 대규모 시위

공화국 기념비
튀르키예 공화국 독립 5주년을 기념해 1928년에 세운 기념비야.

탁심 광장에서는 어떤 행사가 열리나요?

▶ 매년 새해를 맞는 신년 행사를 비롯해, 많은 시민들이 모이는 큰 행사가 주로 열린단다. 정부의 정책에 항의하는 시위가 많이 열리는 곳이기도 해.

📍 무역의 중심지였던 그랜드 바자르

"자 이제~ 튀르키예에서 제일 큰 시장으로 가볼까?"

이스탄불에는 무려 1400년대에 생긴 커다란 시장이 있대.

이름은 그랜드 바자르! 이스탄불의 무역 중심지 역할을 하며,

수백 년 동안 유럽과 아시아의 온갖 물건을 팔던 곳이지.

그랜드 바자르는 지금도 수많은 사람으로 발 디딜 곳 없이 빽빽했어.

"어라? 저기 잔뜩 쌓여있는 가루들은 뭐지?"

"어머, 예쁜 그릇이랑 카펫도 엄청 많아!"

이것저것 신기한 게 정말 많네! 구경하다 보니 시간이 훌쩍 흘렀어.

어어, 그런데 다들 어디 갔지? 여긴 어디야? 으악, 길을 잃었네!

 용선생의 스페셜 가이드

튀르키예, 이것이 궁금하다!

오늘은 튀르키예에 도착한 첫날! 아이들이 튀르키예에 대해 궁금한 게 많다고 해서 이 용선생이 궁금증을 풀어주기로 했어. 아직 낯설기만 한 튀르키예에 대한 궁금증, 다 해결해 볼까?

 튀르키예는 어디에 있나요?

튀르키예는 **유럽과 아시아의 경계에 위치한 나라야.** 튀르키예의 동쪽에는 이란, 이라크 같은 서아시아 나라들이 있고, 서쪽은 유럽 대륙과 이어진단다. 그래서 예로부터 지금까지 아시아와 유럽을 잇는 다리 역할을 했지.

국민 대부분이 **이슬람교**를 믿고 문화적으로도 서아시아와 가깝지만, 유럽과 가깝고 관계도 깊어서 때로는 유럽으로 분류하기도 한단다.

 튀르키예는 어떤 나라인가요?

튀르키예는 서아시아의 대표적인 강국이야. 영토 크기는 **한반도의 세 배**가 넘고, 국토 대부분이 자리 잡은 **아나톨리아반도**는 비옥하고 농사가 잘돼서 예로부터 풍요로운 땅으로 유명했지.

튀르키예는 저렴한 노동력이 풍부하고, 유럽도 가까워서 세계적인 기업들의 생산 공장이 많이 자리 잡고 있기도 해. 또, 자연환경이 아름답고 유적지가 많아서 관광 산업도 매우 발달했지.

튀르키예 사람들은 어떤 사람들인가요?

오늘날 튀르키예 국민의 대부분은 **'튀르크인'**이야. 튀르크인은 원래 중앙아시아에 살던 유목 민족이었어. 우리나라에서는 '돌궐'이라고 불렀지. 튀르크인은 지금으로부터 약 천 년 전 서아시아로 이주하며 이슬람교를 받아들였고, 한때 **'오스만 제국'**을 세워서 유럽과 아시아에 걸쳐 넓은 땅을 지배하기도 했어.

오스만 제국은 어떤 나라예요?

약 6백 년 동안 서아시아를 호령한 강력한 국가였어. 특히, 전성기 때는 그 힘이 유럽과 서아시아, 아프리카까지 미쳤단다. 튀르크인과 이슬람교가 중심을 이루는 나라였지만, 그 외에도 다양한 종교와 민족이 어우러져 살아가는 다채로운 국가였지.

튀르키예는 어떻게 탄생했어요?

300년 정도 전성기를 누린 오스만 제국이 차츰 힘이 약해지자, 유럽 열강이 침략하고, 여러 민족이 독립 운동을 시도했어. 결국 다스리던 민족들이 하나하나 독립해 나가며 영토가 차츰 줄어들었고, 제1차 세계 대전에서 패배한 이후 지금처럼 튀르크인 중심의 '튀르키예'로 다시 탄생했단다.

숨은 인물 찾기

하다가 잠깐 간식을 사러 간 사이에 선생님과 아이들이 어디론가 사라져버렸어. 여기저기 숨어 있는 **용선생과 아이들을** 찾아보자!

허영심, 튀르키예에서 가장 큰 샹들리에를 보다!

이스탄불

아야 소피아 → 블루 모스크 → 톱카프 궁전 → 돌마바흐체 궁전

튀르키예를 대표하는 건축물 아야 소피아

"우아, 사진에서 본 그 건물이야!"

드디어 튀르키예에서 제일 유명한 건물이라는 아야 소피아에 왔어.

뾰족한 탑 네 개가 커다란 건물을 둘러서 있었지.

"이곳은 원래 크리스트교 신자들이 쓰던 성당이었어. 지금은 이슬람교 신자들이 사용하는 모스크* 란다."

* 이슬람교에서 예배를 드리는 건물

알고 보니 아주 먼 옛날에 크리스트교를 믿는 나라가 이곳을 다스릴 때 지은 거래.

오늘날 튀르키예는 이슬람 국가라서 지금은 모스크로 쓰인다고 해.

튀르키예에 왜 저렇게 큰 성당이 있어요?

이스탄불은 한때 크리스트교를 믿는 동로마 제국의 수도였거든.

동로마 제국은 '비잔티움 제국'이라고 불리기도 하지!

잘 보일 때까지 점프~

수재 형 또 시작이네~

아야 소피아는 언제 만들어졌나요? ▶ 오늘날의 튀르키예나, 그전의 오스만 제국이 세워지기도 훨씬 전인 동로마 제국 시절에 만들어졌어. 지금으로부터 약 1,500년 전의 일이지.

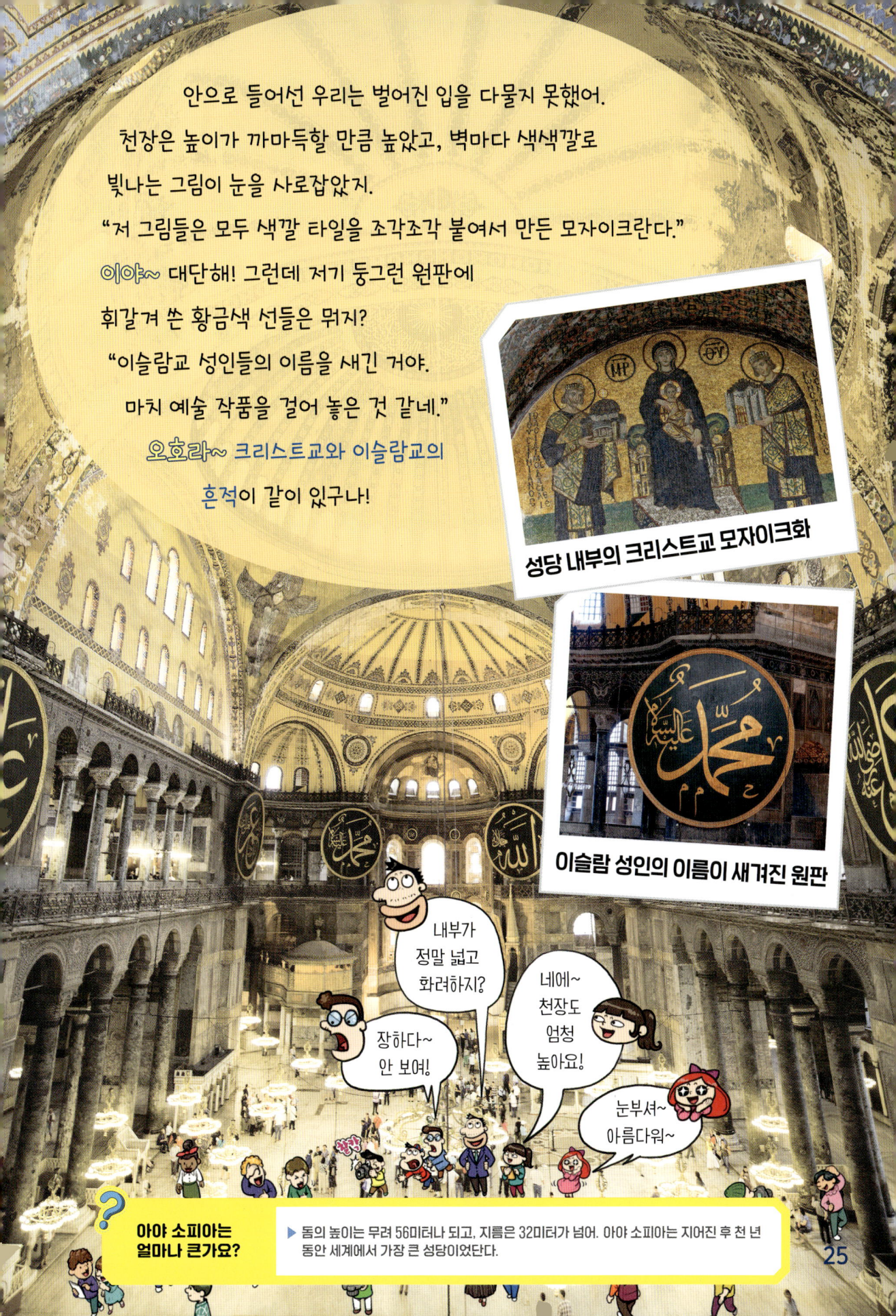

안으로 들어선 우리는 벌어진 입을 다물지 못했어. 천장은 높이가 까마득할 만큼 높았고, 벽마다 색색깔로 빛나는 그림이 눈을 사로잡았지.
"저 그림들은 모두 색깔 타일을 조각조각 붙여서 만든 모자이크란다."
이야~ 대단해! 그런데 저기 둥그런 원판에 휘갈겨 쓴 황금색 선들은 뭐지?
"이슬람교 성인들의 이름을 새긴 거야. 마치 예술 작품을 걸어 놓은 것 같네."
오호라~ 크리스트교와 이슬람교의 흔적이 같이 있구나!

성당 내부의 크리스트교 모자이크화

이슬람 성인의 이름이 새겨진 원판

내부가 정말 넓고 화려하지?
장하다~ 안 보여!
네에~ 천장도 엄청 높아요!
눈부셔~ 아름다워~

아야 소피아는 얼마나 큰가요?
▶ 돔의 높이는 무려 56미터나 되고, 지름은 32미터가 넘어. 아야 소피아는 지어진 후 천 년 동안 세계에서 가장 큰 성당이었단다.

멀리서 본 블루 모스크의 모습

📍 블루 모스크라고 불리는 술탄 아흐메트 모스크

아야 소피아 맞은편에도 비슷하게 생긴 엄청 큰 건물이 있었어.

이 건물도 높고 뾰족한 탑들로 둘러싸여 있었지. 하나, 둘… 여섯 개나 되잖아?

"저것도 이스탄불의 대표적인 이슬람 사원이야! 블루 모스크라고 해."

블루 모스크는 신성한 사원이라, 들어가기 전에는 예의를 갖춰야 한대.

여자들은 스카프로 머리를 감싸고 남자들은 긴 바지로 갈아입어야 된다나?

이렇게 하니 왠지 나도 이슬람교도가 된 기분이네! 히히.

 블루 모스크 주변의 탑들은 뭐예요? ▶ 이슬람교에서는 중요한 사원일수록 주변에 탑을 많이 세우거든. 바로 앞 아야 소피아 주변에 탑 네 개가 있기 때문에, 블루 모스크에는 그것보다 더 많이 세우려 했다고도 해.

🔵 술탄이 살던 **톱카프 궁전**

톱카프 궁전의 정문

다음으로 간 곳은 **톱카프 궁전**이었어.

이 궁전은 옛날 오스만 제국을 다스린 술탄*들이 살던 곳이래.

*이슬람교를 믿는 나라의 군주

강력했던 오스만 제국의 왕이 살던 곳이니까 무척 호화롭겠지?

"물론 엄청 넓지! 진귀한 보물도 많고~

한때는 이 궁전에만 5천 명이 넘게 살았다고 해."

와! 그렇게나 많아요? 톱카프 궁전은 대단한 곳이었구나!

톱카프 궁전에는 어떤 볼거리가 있나요?
▶ 궁전의 식당, 도서관, 보물 창고, 술탄과 신하들이 회의를 열던 건물을 볼 수 있단다.

"여긴 하렘이야. 궁전의 여자들이 모여 살던 곳이지."
하렘은 아무나 드나들 수 없는 곳이었대. 그래서인지 길이 꼭 미로같이 좁고 복잡했어. 창문도 작은데다가 창살로 막혀 있어서, 어딘가 조금 답답해 보였지. 내부는 화려한 색색깔의 타일과 장식으로 가득했지만 말이야.

술탄이 머물던 방도 가 봤어. 화려한 금과 색색의 타일로 장식된 방은 굉장히 화려했지.
오스만 제국의 보물 전시실에는 번쩍번쩍 화려한 보물들도 가득했어!

하렘에는 어떤 사람들이 살았나요?
▶ 하렘은 여자들만 살던 곳이었어. 왕비나 후궁뿐만 아니라 술탄의 어머니, 여동생 등 가족들도 살았어. 이들은 궁전 안팎을 비교적 자유롭게 드나들 수 있었대.

오스만 제국의 화려한 궁전 **돌마바흐체 궁전**

오늘의 마지막 일정은 돌마바흐체 궁전! 이곳은 오스만 제국 말기에 지은 궁전이래.

"같은 궁전인데, 톱카프 궁전이랑 많이 달라 보이네요?"

그러게? 겉보기부터 꼭 유럽 건물 같은 분위기가 풀풀 풍겼어.

"예리한데? 유럽식 궁전을 흉내 내서 지은 건물이라 그래."

그렇구나~ 섬세하게 장식된 정문을 보자 내부는 어떨까 더욱 기대가 됐지.

얼른 들어가 보자!

유람선을 타고 본 궁전의 뒷모습

> 넌 어제 그 갈매기! 내 케밥 내놔!

> 건물 벽이 화려하게 장식돼 있어요~!

> 이런 건축 양식을 뭐라고 하냐면~

> 호호, 이 건물은 프랑스의 베르사유 궁전과 비슷하게 생겼지!

 톱카프 궁전이 있는데 왜 또 궁전을 지었어요?

▶ 이때는 프랑스나 영국 등 유럽의 강국들이 세계를 주름잡고, 오스만 제국은 조금씩 약해지던 때였거든. 그래서 낡은 톱카프 궁전 대신 유럽식 호화 궁전을 지어서 나라의 위세를 뽐내려 했던 거야.

돌마바흐체 궁전의 거대한 샹들리에

궁전 내부는 예상했던 대로 엄청나게 화려했어. 선생님이 그러시는데, 이 궁전을 만드느라 금을 14톤, 은을 40톤이나 썼다지 뭐야?

"저기 샹들리에 보이니? 한때 세계에서 제일 큰 샹들리에였단다. 어마어마하지?"

정말요? 세상에! 우리는 벌어진 입을 다물 수가 없었어.

이 샹들리에가 있는 방은 큰 행사가 열리는 식장으로 사용했대.

어디, 사진을 찍어야 하는데 너무 크네? 선애야~ 나 좀 받쳐 줘!

용선생의 스페셜 가이드

이스탄불의 또다른 이름, 콘스탄티노폴리스

오스만 제국이 생기기 이전에 이스탄불을 수도로 삼았던 나라가 있어. 바로 동로마 제국이야! 동로마 제국은 고대 로마 제국이 동서로 갈라지며 탄생했는데, '비잔티움 제국'이라 부르기도 해. 이때 이스탄불은 '콘스탄티노폴리스'라고 불렸단다. 아이들이 이스탄불에 남아 있는 '콘스탄티노폴리스'의 흔적을 조사했다는데, 한번 살펴볼까?

메두사 머리 조각상

> 나는 그리스 신화에 나오는 괴물이야. 내 얼굴을 본 사람들은 다 돌이 된다고 믿었지.

이름: 왕수재
조사한 곳: 예레바탄 사라이

으스스하지? 이곳은 궁전에 물을 공급하려고 지은 **지하 저수지**야. 잘 조각된 336개의 둥근 기둥이 천장을 떠받치고 있는데, 웅장한 모습이 감탄을 자아내지.

잘 보면 기둥 아래 메두사의 머리 조각을 찾을 수 있어. 1984년, 공사 때문에 지하에 쌓인 진흙을 치우던 중 우연히 발견됐대.

지금은 이스탄불에서 옛 로마 제국의 흔적을 찾는 사람들이 반드시 방문하는 역사적 명소가 되었단다!

이름: 장하다
조사한 곳: 히포드롬 광장

지금은 광장으로 변했지만 원래는 **전차 경주가 벌어지던 경기장**이었어. 동로마 제국의 여러 중요한 국가 행사가 열리고, 다양한 구경거리가 가득한 장소이기도 했지. 저기 우뚝 서 있는 기둥은 옛날 경기장을 장식했던 오벨리스크 기둥이래.

이름: 허영심
조사한 곳: 카리예 박물관

동로마 제국 시절 지어진 **크리스트교 수도원** 건물이야. 오스만 제국 때는 모스크로 쓰이기도 했대. 지금 이곳은 종교 박물관으로 쓰이고 있어. 특히 동로마 제국의 섬세한 모자이크화가 잘 보존되어 있는 곳으로 유명해.

카리예 박물관 내부에 있는 예수 모자이크화

이름: 나선애
조사한 곳: 테오도시우스 성벽

천 년 동안 콘스탄티노폴리스를 굳게 지켜준 성벽이야. 총 길이가 6.5킬로미터에 이르지. 이 성벽은 삼중으로 지어졌는데, 가장 안쪽 성벽은 높이가 12미터, 두께는 5미터나 돼. 지어진 지 수천 년이나 흘렀지만 일부 구간은 아직도 튼튼하게 남아 있지.

다른 그림 찾기

찰칵~ 화려한 블루 모스크 앞에서 기념사진을 찍었어!
어라, 그런데 사진 두 장을 찍는 사이에 **달라진 부분이 보이네?**
모두 다섯 군데야. 함께 찾아볼까?

곽두기, 사프란볼루에서 배가 터질 뻔하다!

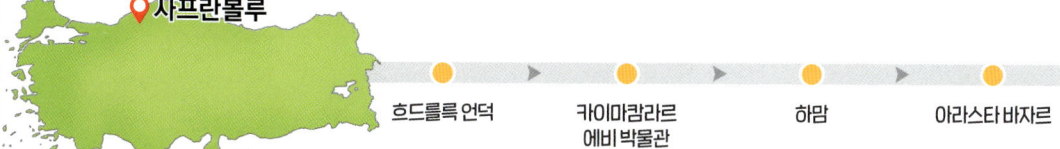

사프란볼루 — 흐드를록 언덕 — 카이마캄라르 에비 박물관 — 하맘 — 아라스타 바자르

 오스만 제국의 흔적을 볼 수 있는 사프란볼루

"와, 꼭 인형의 집 수백 개가 모여 있는 것 같네요!"

우리는 사프란볼루의 흐드를륵 언덕에서 차르시 마을을 내려다보았어.

아늑한 모습이 꼭 동화 속 풍경 같았지.

이 마을은 옛날 오스만 제국 시절의 풍경이 그대로 남아 있어서,

마을 전체가 세계 문화유산이래.

작은 마을이라 한나절이면 다 둘러본다고 하니, 느긋하게 걸어봐야겠다~

한가롭게 거리를 둘러보다가 카이마캄라르 에비 박물관으로 향했어.

이 박물관에서는 튀르키예 사람들의 옛날 집을 구경할 수 있대.

어쩐지 우리나라 민속촌에 온 기분이 드는데?

옛집 안에는 당시 사람들을 그대로 옮겨 놓은 것 같은 마네킹들도 있었어.

한 가지 특이한 건, 같은 집에서도 남자와 여자가 꼭 다른 방을 썼다는 거야.

"이슬람교에서는 남녀가 한 공간에 있으면 안 된다고 가르치거든!"

아하, 그래서 같은 집에서도 이렇게 머무는 방이 다른 거구나~

튀르키예 사람들은 요즘도 남자와 여자가 다른 방을 쓰나요?

▶ 요즘에는 옛날처럼 남자와 여자의 방을 엄밀하게 구분하지 않아. 원래는 버스나 지하철에도 남자 자리, 여자 자리가 따로 있을 정도였단다.

전통 목욕탕 하맘

으~ 땀 냄새! 뜨거운 햇볕 아래를 계속 걸었더니 온몸이 땀범벅이야.
선생님이 튀르키예의 전통 목욕탕에서 목욕을 하고 가자고 하셨어.
와, 튀르키예에도 우리나라의 목욕탕 같은 게 있나 봐!
이슬람교에서는 몸을 깨끗이 한다는 의미에서 목욕을 엄청 중시한대.
"자, 다 왔다! 여기가 바로 튀르키예의 전통 목욕탕 '하맘'이란다."
오잉, 목욕탕인데 왜 탕이 없지? 그리고 다들 수영복을 입고 있네?

튀르키예 목욕탕은 우리나라 목욕탕이랑 어떻게 달라요?

▶ 튀르키예 목욕탕에는 탕이 없고, 흐르는 물과 뜨거운 증기로 때를 불린단다. 때를 다 불리면, 세신사가 수건으로 거품을 묻혀 몸을 닦아 주지. 그리고 몸을 옷으로 가리고 들어가는 것도 특징이야.

으흠~ 이 달콤한 냄새는 뭐지? 냄새를 따라가니 북적이는 시장이 나타났어.

"이건 로쿰이란다. 튀르키예를 대표하는 전통 간식이지."

선생님이 알록달록 색깔이 예쁜 젤리를 가리키며 말씀하셨어.

시식이 공짜라기에 이것저것 조금씩 먹어봤어.

"부드러운 식감에, 혀가 녹을 것 같은 달콤함이 최고야!"

근데 하다 형, 이제 그만 좀 먹지~

너무 많이 먹은 거 같아!

로쿰

로쿰은 '터키쉬 딜라이트'라는 영어 이름으로 더 잘 알려져 있어.

사프란 꽃으로 만든 사프란 비누야~

음~ 향기 좋다! 이거 뭐야?

형, 도대체 몇 개째야~!

나도 좀 줘!

몇 개더라…? 몰라, 까먹었어!

로쿰은 뭘로 만드나요?

▶ 녹말과 설탕, 물만 넣어서 만들어. 여기에 피스타치오나 아몬드 같은 견과류를 넣기도 하지. 식감이 워낙 쫄깃해서 떡에 가깝다고 봐도 돼!

저녁 식사는 이 마을 주민 분들이랑 함께 하기로 했어.

고맙게도 우리를 초대해 주신 분들이 있다지 뭐야~?

"튀르키예 사람들은 손님을 잘 대접하기로 유명하단다. 기대해 보렴."

집으로 들어가자 커다란 상에 푸짐하게 차려진 음식들이 눈을 사로잡았어. 우아!

먹보 하다 형은 벌써부터 눈이 반짝거리네. 크크~

"아피옛 올순! (건강을 기원합니다!)"

주인 아저씨의 우렁찬 목소리와 함께 본격적으로 식사가 시작됐지!

튀르키예에는 또 어떤 식사 예절이 있어요?

▶ 숟가락이나 포크를 빵 위에 올려놓는 것도 안 돼. 자기 접시 위의 음식을 남기는 것도 예의에 어긋나지.

대표적인 튀르키예 가정식 요리, 포도잎 살마

우걱우걱! 한참을 맛있게 먹었는데도 아직도 먹을 게 많아~

잘 먹으니까 아주머니가 계속 먹을 걸 퍼 주는 거 있지?

정말 손님을 따뜻하게 대접해 주는 분들이었어!

고맙습니다! 나중에 한국 오시면 저도 잘 대접해 드릴게요! **헤헤**.

튀르키예 사람들은 왜 손님 대접을 잘하나요?

▶ 낯선 손님을 따뜻하게 맞이하고 대접하는 게 튀르키예의 고유한 문화거든. 그래야 자신의 명예를 높일 수 있다고 생각한대.

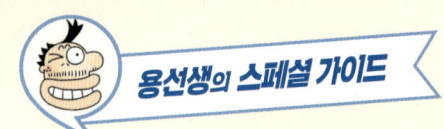

재미난 튀르키예 문화 알아보기

튀르키예 사람들은 오랜 역사와 뿌리 깊은 문화를 가진 민족이야. 그래서 튀르키예에서만 볼 수 있는 재미있고 특이한 문화가 많단다. 이 용선생이 하나씩 풀어서 설명해 줄게~

튀르키예인의 현란한 손동작, 무슨 뜻이지?

튀르키예 사람들은 대화할 때 손동작을 많이 사용해. 오른손 손가락을 모두 모아서 위로 향하게 하며 **"귀젤!"** 이라고 말하면, 이건 **'좋다!'** 는 뜻이야. 턱을 치켜들고 **'쯧ㅡ'** 하고 혀 차는 소리를 내기도 하는데, 이건 **'없다.'** 혹은 **'아니다.'** 라는 부정의 뜻이야.

튀르키예 사람들이 물보다 더 자주 마시는 것은?

튀르키예 사람들은 홍차를 자주 마셔. 홍차 잎을 진하게 우려서 설탕만 듬뿍 넣어 마시는데, 이런 튀르키예식 차를 **'차이'** 라고 부른대. 튀르키예인은 차이를 하루에도 수십 번씩, 한 번에 네다섯 잔씩 마셔. 그래서 일터나 가정으로 차이를 배달해 주는 '차이 배달꾼'도 많다고 해.

튀르키예식 홍차 '차이'

커피로 점을 보는 튀르키예 사람들

튀르키예 사람들은 차이만큼이나 커피도 좋아해. 우리와는 달리 커피 가루를 물과 함께 끓여서 마시는데, 이때 커피를 다 마신 뒤 커피 잔을 뒤집어 놓아. 그럼 커피 잔 안쪽으로 물과 찌꺼기가 흘러내리겠지? 커피 점은 이 **커피 찌꺼기의 양과 모양**을 보고 운세를 보는 풍습이야. 튀르키예 사람들은 이렇게 커피 점을 치면서 이야기꽃을 피우곤 한대.

커피 잔 안에 붙은 커피 찌꺼기 모양으로 점을 치는 튀르키예 사람들

튀르키예 사람 성이 '한국인'이라고?

불과 약 100년 전까지만 해도 튀르키예 사람들에게는 성이 없었어. 1934년에야 국민 모두가 성을 쓰도록 하는 법률이 만들어졌지. 이때 재미있는 뜻을 가진 성들이 지어졌단다. '케밥 장수'와 같은 직업 이름도 있고, '독수리', '뚱보' 같은 성도 있지! 한국인이라는 뜻의 '꼬렐리'라는 성도 있는데, 이건 한국 전쟁에 참여했던 사람들이 스스로 붙인 성이라고 해.

미션 해결 — 선 긋기

곽두기가 오늘 여행 내용을 일기로 썼어.
일기 내용과 맞는 풍경을 찾아서 선으로 연결해 보자!

흐드를륵 언덕에서
마을을 내려다보았다!
시원한 풍경을 보니
가슴이 상쾌해~

튀르키예에도 목욕탕이 있구나~
조금 더웠지만
그래도 상쾌하네!

그 간식 이름이
뭐였더라?
아, 맞다. 로쿰!
또 먹고 싶다.

왕수재, 앙카라의 '한국 공원'에 가다?!

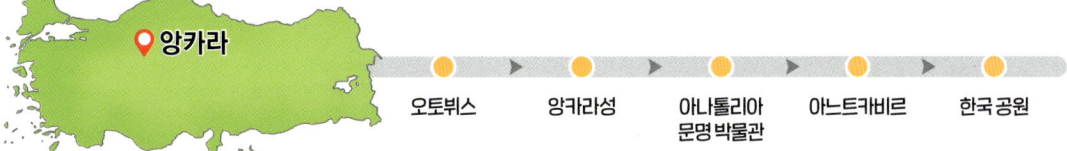

오토뷔스 → 앙카라성 → 아나톨리아 문명 박물관 → 아느트카비르 → 한국 공원

📍 튀르키예의 수도 **앙카라**

다음으로 가 볼 도시는 튀르키예의 수도, 앙카라!

우리는 고속버스를 이용하기로 했어. 튀르키예말로는 '오토뷔스'라고 해.

튀르키예 사람들은 기차나 비행기보다는 버스를 많이 이용한대.

어라? 그런데 우리나라 고속버스와는 무척 다르더라고!

"승무원이 짐도 다 실어주고, 향수까지 뿌려주시네요?"

음료와 차, 간식도 먹고 싶은 만큼 계속 갖다주네. 우아~ 왕이 된 기분이야!

오토뷔스는 왜 그렇게 친절해요?

▶ 튀르키예는 영토가 넓은 나라라서 5~6시간 넘게, 혹은 밤새도록 운행하는 장거리 노선이 많아. 그래서 승객을 편안하게 모시는 거지. 게다가 버스 회사도 많아서 서비스 경쟁도 치열해!

앙카라가 수도니까, 더 화려할 줄 알았어요.

앙카라는 역사가 아주 오래된 도시란다.

어디든 음식만 맛있으면 그만이지~!

선애야, 저기 봐! 전부 빨간 지붕이야!

와~

드디어 앙카라에 도착! 우리는 높은 곳에 있는 앙카라성으로 올라갔어. 앙카라성에 올라가면 도시의 모습을 한눈에 내려다볼 수 있다고 했거든.
"와~ 빨간 지붕이 정말 많아요!"
넓은 평원에 하얀 현대식 건물과 빨간 지붕의 전통식 건물이 잘 어우러져 있었어. 그런데 앙카라가 수도인데, 이스탄불보다 훨씬 조용해 보이네?

높은 곳에서 내려다본 앙카라 시내

수도 앙카라는 작은 도시인가요?

▶ 이스탄불보다는 작지만, 앙카라도 450만 명이 살아가는 큰 도시란다. 튀르키예에서 두 번째로 크지. 역사도 수천 년이나 된 유서 깊은 도시야.

튀르키예 최고의 박물관 **아나톨리아 문명 박물관**

우리는 아나톨리아 문명 박물관으로 향했어! 튀르키예에서 가장 큰 박물관이래. 이 박물관에는 얼마나 재밌는 게 있으려나~?
"여기 있는 유물들은 엄청 오래됐어. 튀르키예의 역사보다 수천 년 앞선 것도 있단다."
오늘날 튀르키예가 자리 잡은 아나톨리아반도에는 튀르키예가 생기기 수천 년 전부터 사람들이 살아왔다고 해. 심지어 튀르키예에서 인류 최초의 마을 유적도 발견됐대!

인류 최초의 마을에서 발견된 조각상

여기 유물은 대부분 2천 년이 넘었단다.

특히 인류 최초의 마을이 가장 중요한데 말야~

뭐부터 봐야 하지?

 인류 최초의 마을이 어디에 있어요?

▶ 튀르키예 중부에 있어. 이름은 '차탈휘위크'라고 하지. 지금으로부터 대략 8천 년 전에 세워진 마을일 거라고 해!

여러 전시품 중에서 가장 많은 건 '히타이트 왕국'의 유물이었어.

히타이트 왕국은 아주 먼 옛날 튀르키예 지역에 있었던 나라래.

"히타이트는 세계 최초로 철로 된 무기를 만들어서 사용한 나라란다!"

알고 보니 이 박물관에는 히타이트 관련 유물이 특히 많아서

'히타이트 박물관'이라고도 부른다지 뭐야?

어디 보자, 이건 소 모양 석상이고, 이건 뭐지……? 얘들아, 이것 좀 봐!

히타이트는 언제 세워진 나라인가요?

▶ 지금으로부터 약 4천 년 전에 세워져서, 800년 넘게 유지됐던 나라야. 전성기 때는 당시 강력한 힘을 가졌던 이집트와도 전쟁을 벌일 정도로 대단한 나라였대.

오늘날의 튀르키예를 세운 영웅 **케말 아타튀르크**

앙카라에 오면 꼭 가봐야 한다는 아느트 카비르에 도착했어.

이곳은 튀르키예의 첫 대통령이자 전쟁 영웅인 케말 아타튀르크의 무덤이야.

아타튀르크와 관련된 물품을 전시하는 박물관이기도 하지.

튀르키예를 방문하는 국빈*들은 반드시 들르는 곳이래.

* 정부의 초청을 받아 공식적으로 방문하는 외국인

"와~ 광장이 엄청나게 넓어요!"

두기가 입을 떡 벌렸어. 세상에~ 건물도 너무너무 웅장하잖아? 모두들 조용하고 엄숙하게 분위기를 지키는 게 참 인상적이었어.

케말 아타튀르크 (1881년~1938년)

"이 박물관 안의 시계는 모두 9시 5분에 맞춰져 있단다. 아타튀르크가 세상을 떠난 시간이지."

"튀르키예 사람들이 진짜 존경하는 사람인가 봐요."

"그만큼 추모하는 의미를 담고 있는 거네요!"

"경비병 아저씨 멋지다~"

케말 아타튀르크는 무슨 일을 했어요?

▶ 당시 침략자들을 무찌르고 오늘날의 튀르키예를 세우는 데 큰 역할을 한 사람이야. 자세한 이야기는 용선생의 스페셜 가이드에서 들려줄게~

우리는 공원 이름을 듣고 어리둥절했어.
아니, 왜 튀르키예에 '한국 공원'이 있는 거지?

선생님이 그러시는데, 한국 전쟁 때 수많은 튀르키예 군인들이 참전해 우리나라를 도와줬대.
"튀르키예 사람들은 이때의 인연 때문에 한국을 '형제의 나라'라고 부르기도 해."
이렇게 먼 나라에서 우리나라를 도와주다니~ 정말 감동이야!

 튀르키예 사람들이 한국 전쟁에 많이 참여했나요?
▶ 튀르키예는 미국, 영국, 캐나다에 이어서 세계에서 네 번째로 많은 군인을 보내줬어. 그중 천 명이 넘는 사람들이 전쟁터에서 목숨을 잃기도 했지.

 용선생의 스페셜 가이드

튀르키예의 아버지, 케말 아타튀르크

튀르키예를 이야기할 때 빼놓을 수 없는 사람이 있어. 바로 무스타파 케말!
무스타파 케말은 튀르키예인들이 무척 사랑하는 사람인데,
이름 대신 '아타튀르크(튀르키예의 아버지)'라고 불릴 정도란다.
그럼 지금부터 아타튀르크의 활약을 간략히 살펴볼까?

◀ 오스만 제국, 유럽의 환자가 되다

한때 유럽을 호령했던 오스만 제국은 세월이 흐르며 점점 쇠퇴했어. 영국이나 프랑스 같은 유럽 강국들에게 이리저리 휘둘리며 '유럽의 환자'라는 조롱까지 받게 되었지.

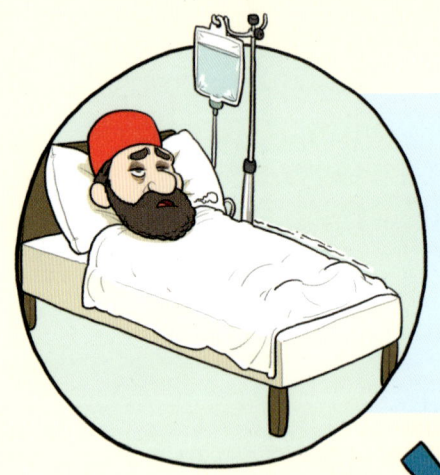

튀르키예의 독립 운동을 이끌다 ▶

오스만 제국은 제1차 세계 대전에 참전했다가 패배했어. 승리한 영국과 프랑스는 오스만 제국을 여러 조각으로 나누어 점령하려 했지. 나라가 위기에 처한 이때, 무스타파 케말 장군이 나섰어. 케말은 국민의 뜻을 모아 유럽에 맞섰단다.

▲ 군인을 이끌고 있는 케말 아타튀르크

◀ 튀르키예 공화국을 세우다

케말의 활약 덕에 오스만 제국은 영국과 프랑스를 무찌르고 무사히 독립을 이루었어. 하지만 이미 낡은 오스만 제국을 유지하기는 어려웠지. 케말은 오스만 제국 대신 **'튀르키예 공화국'**을 세우고 스스로 **첫 대통령**이 되었어.

▲ 튀르키예 국민에게 연설하는 케말 아타튀르크

튀르키예의 개혁을 이끌다 ▶

케말은 튀르키예를 다스리며 여러 가지 개혁을 추진했어. 이슬람교 성직자들이 정치에 참여할 수 없게 막았고, 쉽게 읽고 쓸 수 있는 튀르키예 문자를 도입하기도 했단다. 또 여성의 권리를 보장해서 대학에 갈 수 있게 했고, 선거에도 참여할 수 있게 했어. 케말의 개혁 덕에 튀르키예 공화국은 무사히 뿌리를 내릴 수 있었지.

◀ 영원히 기억될 튀르키예의 아버지가 되다

케말은 '튀르키예의 아버지', 아타튀르크라 불리며 존경을 받았어. 지금도 해마다 그가 죽은 **11월 10일 오전 9시 5분**이 되면 전국에서 사이렌이 울려. 그러면 사람들은 하던 일을 멈추고 그를 기리며 묵념하지.

▲ 케말 아타튀르크 사진이 있는 튀르키예 국기를 든 튀르키예 국민

미로 찾기

이런~ 수재가 박물관 구경을 하다가 그만 길을 잃고 말았어.
무사히 용선생과 만날 수 있도록 **길을 찾아보자!**

나선애, 열기구 타고 카파도키아를 날다!

카파도키아 ▸ 괴레메 야외 박물관 ▸ 데린쿠유 지하 도시

경이로운 풍경을 볼 수 있는 **카파도키아**

"얘들아, 어서 일어나렴. 해 뜨기 전에 출발해야 한단다."

아홈~ 졸린 눈을 비비며 일어났어. 새벽 5시에 일어나다니~

오늘은 카파도키아에서 난생 처음으로 열기구를 타는 날이거든~!

카파도키아는 독특한 바위 지형들이 많기로 유명한 지역이라서,

열기구를 타면 신기한 지형을 한눈에 구경할 수 있대.

"드디어 하늘로 올라간다!"

열기구가 두둥실 뜨자, 우리 모두 환호성을 질렀어. 하늘 위 풍경은 어땠냐고?

말도 마! 바위산들은 아침 햇살을 받아 모양도, 색깔도 다채롭게 빛났어.

기묘한 풍경이 손에 잡힐 듯 내려다보이는 모습은 정말 장관이었지!

카파도키아

튀르키예 중부의 고원 지역이야.
기묘한 암석이 많은 지역으로,
유네스코 세계 자연 유산이기도 해.

괴레메 야외 박물관

"오잉, 그런데 왜 바위에 벌집처럼 구멍이 송송 뚫려 있지?"

우리가 고개를 갸웃하자, 선생님이 설명을 해주셨어.

아주 먼 옛날에 크리스트교도들이 이곳에 모여 살았대.

"바위에 굴을 파고 그 안에 집, 교회, 수도원을 지었단다."

지금은 그중 몇몇 유적들을 야외 박물관으로 운영하고 있었어.

기도를 드리던 예배당, 음식물을 저장하던 창고와 부엌도 볼 수 있었지.

크리스트교도들은 왜 굴을 파고 살았어요?

▶ 이슬람교도들의 공격이 한창일 때, 침략을 피하고 신앙을 지키기 위해서 이렇게 땅속에 교회를 지었던 거래.

그림이 정말 선명하네요~?

수천 년 된 그림이 이렇게 선명하다니 놀랍지?

"어머나~ 이런 아름다운 그림들이 숨어 있다니!"
굴 속에는 아름다운 벽화가 그려진 교회도 있었어.
바위에 그려진 그림이 어찌나 선명한지 꼭 엊그제 그려 놓은 것만 같았지.
"대단하지? 깊은 동굴이라서 햇빛이 들지 않아 보존 상태가 좋은 거란다."
깜깜한 동굴에서 어떻게 이렇게 아름다운 그림을 그렸을까?
감탄이 절로 나왔어.

이런 교회가 몇 개나 있어요? ▶ 모두 365개나 있단다. 보존을 위해 관광객에게는 그중 아주 일부만 개방하고 있지.

59

데린쿠유 지하 도시

동굴 교회보다 더 놀라웠던 건 **데린쿠유 지하 도시**야.

"이 도시는 지금까지 남아있는 지하 도시 중에 가장 큰 곳이란다."

마치 개미굴처럼 **지하 8층 깊이**의 굴을 팠어. 심지어 **집은 물론 무덤까지 지었더라고!** 복도와 방이 계속 이어져서 꼭 미로 같았지.

어휴, 빛도 들지 않는 지하에서 도대체 어떻게 사람이 살았을까? 나 같으면 하루도 못 살텐데!

데린쿠유 지하 도시의 모습

> **데린쿠유 지하 도시는 얼마나 커요?**
> ▶ 한때는 2만 명 넘는 사람이 살았다고 해. 주로 이슬람교도의 침략을 피해 온 크리스트교도들이 많이 모여 살았지. 카파도키아에는 이런 지하 도시가 수백 개나 있대.

꼬르륵~ 배꼽시계가 동시에 울렸어. 오늘도 밥 먹을 시간!

우리는 카파도키아의 명물이라는 '항아리 케밥'을 먹으러 가기로 했지.

항아리 케밥은 말 그대로 작은 항아리에 고기와 토마토를 넣어서 통째로 끓인 음식이래.

"이렇게 항아리를 툭툭 쳐서 뚜껑을 깬 뒤에 먹으면 된단다."

직원 분이 보여준 대로 따라하니 먹음직스러운 국물이 흘러나왔어.

쌀밥에 항아리 케밥을 부어 먹으니 꼭 육개장 같더라고!

용선생의 스페셜 가이드

카파도키아의 별별 장소들

카파도키아는 신기하게 생긴 기암괴석이 많기로 유명해. 두꺼운 암석층이 오랜 시간 동안 강물과 비바람에 깎이며 온갖 모양을 만들어냈지. 또 별난 자연 속에서 삶의 터전을 꾸렸던 사람들의 흔적도 매우 흥미로워. 그럼 카파도키아 곳곳을 조금만 더 둘러볼까?

튀르키예의 그랜드 캐니언, 으흘라라 계곡

으흘라라는 **길이 약 20킬로미터**에 달하는 장대한 계곡이야. 대자연을 느낄 수 있는 곳이지. 그런데 이 계곡 곳곳에 사람들이 살았다는 사실~ 지금도 5천 개나 되는 동굴 집과 105개의 교회가 남아 있어!

으흘라라 계곡의 교회

교회 내부 모습

기묘한 바위들이 가득한~ 데브렌트!

데브렌트는 '상상력의 계곡'이란 뜻이야.
사람의 상상에 따라 바위의 모양이 다양하게 보여서 붙여진 이름이지.
그중에서도 낙타처럼 생긴 **낙타 바위**가 제일 유명해.

천연 요새, 우치히사르

카파도키아에서 **제일 높은 바위산에 지어진 마을**이야.
이곳에서도 암석에 굴을 뚫어 만든 크고 작은 집들을 볼 수 있어. 바위산 꼭대기에 오르면 카파도키아 일대가 한눈에 들어오지.

스머프의 고향, 파샤바

버섯처럼 생긴 거대한 바위들이 모여 있는 곳이야.
만화 〈스머프〉에 나오는 집들이 이곳에서 영감을 얻어 그려진 거란다.

빈칸 채우기

선애가 정성스럽게 그림일기를 썼어.
이런~ 그런데 케밥 국물이 흘러서 글자가 지워졌네.
지워진 부분에 어떤 글자가 들어가야 하는지 직접 써 보자!

제목: 카파도키아에서의 잊지 못할 여행 20XX년 0월 0일 날씨: 맑음

새벽에 일어나 ◯◯◯에서 유명한 ◯◯를 타러 갔다. 그렇게 컸던 바위산이 하늘 위에선 작게 보여서 신기했다. 데린쿠유 ◯◯ 도시 안에는 복도와 방이 꼭 ◯◯처럼 계속 이어져서 길을 찾기 쉬울 것 같았다. 왕수재와 장하다는 처음엔 허세를 부렸지만 나중엔 나와 선생님 뒤만 졸졸 따라다녔다. 저녁에 먹었던 ◯◯ 케밥의 맛은 절대 잊지 못할 것이다. 망치로 톡톡 치니 굳 안에 먹음직스러운 케밥이 있었다.

장하다,
아라라트산 아래에서
캉갈에게 쫓기다!

도우베야즛 / 아라라트산 / 이삭 파샤 궁전 / 현지인 마을

노아의 방주 전설로 유명한 **아라라트산**

여기는 튀르키예 동쪽 끝에 있는 작은 국경 도시, 도우베야좃이야.

이곳에는 튀르키예에서 제일 높은 아라라트산이 있대.

"어휴, 산도 산인데… 무슨 양들이 이렇게나 많아요?"

심지어 도로의 차들도 길을 건너는 양들 때문에 자꾸 멈추더라고.

알고 보니 도우베야좃은 튀르키예에서도 몹시 시골이라서,

옛날 방식대로 유목* 생활을 하는 사람들이 많다더라.

*물과 풀밭을 찾아 이곳저곳 옮겨다니며 가축을 키우는 방식

> 저 멀리 보이는 산이 바로 아라라트산이야! 성경에도 등장하는 산이지.

> 와~! 구름보다 더 높이 솟아 있네요!

> 많이 먹어라~

튀르키예 사람들이 옛날엔 유목 생활을 했나요?

▶ 응. 튀르키예 사람들의 조상은 원래 중앙아시아에서 유목 생활을 하던 '튀르크인'이었어. 그래서 유목민 시절의 전통이 아직도 많이 남아 있지!

"셀람(안녕)~!"

목동 소년이 우리에게 인사를 하며 다가왔어.

나랑 나이도 비슷해 보이는데 벌써부터 양을 돌보다니~ 대단한데?!

"얘들아, 저 개 보이니? 튀르키예의 진돗개 '캉갈'이란다."

캉갈은 늑대를 봐도 도망가지 않고 양들을 지켜주는 용감한 개래.

어디 한번 쓰다듬어 볼까? 어어, 잠깐만! 이러다 물리겠어~!

아라라트산
높이 5,137미터. 튀르키예에서 가장 높은 산이야. 성경에 나오는 대홍수가 끝난 뒤 노아의 방주가 도착했다는 전설로 유명해.

미안! 캉갈은 주인만 따르는 개라서 그래.

이삭 파샤 궁전 내부

이삭 파샤 궁전

우아! 깎아지른 절벽 꼭대기에 으리으리한 궁전이 있잖아?
여기는 도우베야즛에 오면 꼭 가봐야 한다는 이삭 파샤 궁전이래.
"옛날에 이곳을 다스리던 지배자가 살던 곳이야. 방이 무려 366개나 된단다."
무슨 방이 그렇게나 많담!? 게다가 한때는 이 많은 방이 수천 명의 사람들로
붐볐을 거라 생각하니 정말 신기했어. 이 궁전을 짓는 데만 99년이나
걸렸다지 뭐야. 세상에~!

이 궁전은 언제 지은 건가요?

▶ 1685년부터 1784년까지 건설했대. 당시 이곳은 동서를 연결하는 교역로인 실크로드의 길목으로 번영했단다. 이 궁전은 예전 튀르키예 지폐에 실린 적이 있을 정도로 유명한 궁전이야.

궁전 벽은 한때 화려한 색으로 칠해졌었대. 지금은 색이 바래 황토색 흙벽이 그대로 드러나 있었지. 하지만 곳곳을 수놓은 아름다운 조각은 그대로였어. 예전에는 정말 아름다웠겠는걸~
"저기 물구멍 두 개 있는 샘터 보이니~?"
선생님이 그러시는데, 하나는 물, 또 다른 하나는 우유가 나오는 구멍이었대. 우리 집에는 콜라가 나오는 구멍이 있으면 좋겠다, 헤헤~

엄청 호화로운 궁전이었나 봐요!
▶ 이곳에는 오늘날의 튀르키예 동부 일대를 다스리던 지배자가 머물렀거든! 오스만 제국 시절에 지어진 궁전 중에는 톱카프 궁전 다음으로 화려한 건물이었대.

튀르키예의 **전통 결혼식**

궁전에서 내려와 마을 구경에 나섰어. 그런데 마을이 시끌벅적하더라!
때마침 마을에서 전통 결혼식이 열렸어!
헤헤, 결혼식이라 그런지 맛있는 음식 냄새가 진동해~
"그런데 왜 이렇게 늦은 시간에 결혼식을 해요?"
튀르키예에서는 결혼식을 3일 동안 여는데, 마지막 날에는 늦은 밤까지 잔치를 한대.

음식이 정말 맛있네요!

히히, 결혼 정말 축하드려요~!

붉은 문신을 한 신부의 손

신부 손에 붉은색 그림은 무엇인가요?
▶ 결혼식 전날 신부의 손등에 하는 헤나 문신이야. 신부에게 생기는 나쁜 일을 막는 의미를 갖고 있대.

그런데 사람들이 신랑 신부 옷깃에 돈을 옷핀으로 꽂아주고 가는 거 있지?
튀르키예 사람들은 저렇게 축의금을 준대. 헐! 누가 얼마를 냈는지 다 알겠는걸~
"꼭 돈만 내는 건 아니야~ 우리도 선물 하나 가져다드릴까?"
난 한국에서 가져온 과자를 결혼 선물로 드렸는데, 무척 좋아하시더라고.
우리는 부른 배를 두드리며 손님들과 다 같이
튀르키예 전통 음악에 맞추어서 춤을 추었어. 야호~ 신난다~

돈을 주렁주렁 매단 신랑 신부

결혼식에서 춤을 추나 봐요?

▶ 튀르키예 결혼식에서 빼놓을 수 없는 게 춤이야! 길게는 4~5시간씩, 밤이 새도록 음악을 틀고 춤을 추는 일도 있을 정도거든.

 용선생의 스페셜 가이드

나라 없는 민족, 쿠르드족

오늘 만난 목동 아이는 자기가 '쿠르드인'이라고 이야기해 줬어. 쿠르드인은 튀르키예 동남쪽에 많이 사는데, 오랜 세월 주변 나라들로부터 따돌림을 받는, 나라 없는 민족이래. 우리는 목동 아이와 이야기를 좀 더 나눠보기로 했어. 쿠르드인은 누구이고, 왜 나라가 없는 걸까?

 쿠르드인은 어떤 사람들이야?

▲ 전통 의상을 입은 쿠르드인

우리는 아주 오랜 옛날부터 **이란과 튀르키예 일대에서 살아온 민족**이야. 겉보기에는 튀르키예 사람들과 크게 다르지 않고, 대부분 이슬람교를 믿는 것도 비슷해. 하지만 우리는 오랜 세월 동안 우리만의 언어와 문화를 지켜오고 있어. 나라가 없는 민족 중에는 우리 쿠르드인이 세계에서 가장 수가 많대.

 쿠르드인은 어디에 살아?

이곳 **튀르키예**를 비롯해 이웃한 **시리아, 이라크, 이란 등**에 흩어져 살고 있어. 인구는 약 3천만 명 정도인데, 그중 절반 정도가 튀르키예에 살아. 튀르키예 사람 다섯 명 중 한 명이 쿠르드인일 정도로 수가 많지!

쿠르드인은 왜 나라가 없어?

늘 이웃의 힘센 민족들에게 밀려났기 때문이야. 우리는 특히 오랫동안 오스만 제국의 지배를 받았지. 제1차 세계 대전이 끝나고 오스만 제국이 무너질 때 독립을 얻을 기회가 있었지만, 튀르키예 공화국이 세워지면서 그만 실패했대. 그 이후로는 여러 나라에 뿔뿔이 흩어져 살게 된 거야.

쿠르드인은 아직도 독립운동을 하고 있어?

▲ 쿠르드 독립 투표를 지지하는 사람들

응. 쿠르드인은 꾸준히 독립운동을 벌이고 있어. 하지만 튀르키예를 비롯한 주변 나라들이 절대로 인정하지 않아. 쿠르드인이 살고 있는 땅이 워낙 넓은 데다가 값진 지하자원도 많아서 땅을 쉽게 내주지 않는 거야.
튀르키예 정부도 오랫동안 쿠르드 방송과 교육을 법적으로 금지했어. 쿠르드어를 쓰거나 쿠르드어 노래만 불러도 붙잡혀 갈 정도였지. 요즘은 국제적인 비판 때문에 탄압이 누그러들었지만, 여전히 분리 독립을 주장하는 쿠르드인이 나라의 안정을 해친다고 생각하는 튀르키예 사람이 많아.

▲ 시리아 쿠르드 민병대 여성 수비대

양 찾기

영심이가 **머리빗을** 잃어버렸대~
아마 아라라트산 근처 초원의 양 중에 한 마리가 가져갔을 거라던데,
어떤 양일까? 함께 찾아보자!

허영심, 세 종교의 성지를 방문하다!

샨르우르파

아브라함 탄생지 → 발르클르 연못 → 시파히 바자르 → 괴베클리 테페 → 하란

아브라함의 고향 샨르우르파

우리는 샨르우르파에 왔어. 으흠~ 여기는 또 무슨 볼거리가 있을까?

"이 도시에서는 크리스트교와 이슬람교, 유대교에서 모시는 여러 성인들이 살았단다."

아하, 그래서 이 도시는 성지 순례를 하는 사람들이 많이 찾는대.

우리가 찾은 곳은 그중에서도 가장 유명하다는 '아브라함 탄생지'였어.

말 그대로 '아브라함'이라는 분이 태어난 곳이라서 유명한 성지라지 뭐야?

겉보기엔 그냥 작은 동굴이었는데, 사람이 정말 많더라!

아브라함은 어떤 분인가요?

▶ 크리스트교의 성경, 이슬람교의 쿠란을 비롯해 많은 종교의 경전에 등장하는 사람이야. 유대교, 크리스트교, 이슬람교에서 모두 성인으로 모시지.

"자, 여기 연못 보이니? 이 연못에는 재미난 전설이 있어."
선생님이 아브라함 탄생지 근처에 있는 연못을 보며 이야기를 해 주셨어.
옛날 옛날, 아브라함이 이곳에서 화형*을 당할 뻔했는데,
불길이 아브라함에게 닿자마자 물로 변하고 장작은 물고기로 변했대.

*사람을 불살라 죽이는 형벌

"이 연못에 사는 물고기들이 바로 그때 그 물고기들의 후손이란다."
헤헤, 그냥 연못인 줄 알았더니 재밌는 전설도 있잖아?

저기 봐! 물고기가 엄청나게 많아~

와~ 게다가 전부 무지무지 큰데?

이곳 주민들은 물고기를 성스럽게 여긴대. 이 물고기를 먹는 순간 장님이 된다는데?

헐~ 진짜로?

우리는 시장에 들러 이곳 명물이라는 우르파 케밥을 먹기로 했어.

꼬치에 꽂아서 구운 고기 완자를 야채와 함께 빵 위에 얹어서 먹는 케밥이었지.

음… 그런데 튀르키예 사람들은 이상한 가루를 뿌려 먹네?

어디 나도… 으악! 너무 매워~ 입에 불이 나는 느낌이야!

"그건 '이소트'라는 고춧가루란다. 아주 매워!"

힝~ 선생님 미리 말씀 좀 해 주시지!

이소트는 뭘로 만들길래 그렇게 매워요?

▶ 이 지역의 특산물인 고추야. 맵기로 아주 유명하지. 이소트는 이 고추를 볶은 다음 빻아서 만든단다. 검은색을 띠는데, 약간 탄 맛이 느껴지기도 한대.

우리는 밥을 다 먹고 나서 동네를 천천히 한 바퀴 둘러보았어.
샨르우르파는 아주 오래된 마을이라 그런지, 고풍스러운 건물도 많더라고!
"헤에, 저 사람들 좀 봐. 머리부터 발끝까지 검은 천으로 가렸어!"
왁! 정말이네. 저건 여자들이 입는 부르카라는 옷이래.
선생님이 그러시는데, 이슬람교도 중에는 밖으로 나갈 때마다 저런 옷을 입는 사람도 있대!

부르카를 입은 튀르키예 여성들

"튀르키예에서 부르카는 법적으로 금지됐다는 사실~"

"저 사람들이 입은 옷 좀 보세요!"

"어디 맛있는 거 없어요~?"

"형, 방금 밥 먹었잖아…."

"종교적인 전통이라고 생각하는 사람도 있어."

튀르키예에는 부르카를 입는 사람이 많나요?

▶ 많지 않아. 종교적으로 아주 보수적인 일부 사람이나 입고 다니는 정도지. 다만 이란, 이라크 등의 이슬람 국가와 지리적으로 가까운 튀르키예 동부 지역에서는 부르카를 입는 여자들을 종종 볼 수 있어.

괴베클리 테페

산책을 끝낸 뒤에는 차를 타고 조금 먼 곳으로 나왔어.
머지않아 허허벌판에 도착했는데, 웬 커다란 돌무더기가 왕창 있더라고?
"여긴 괴베클리 테페란다. 1만 2천 년 전의 사원으로 알려진 유적이지."
선생님의 말에 우리는 모두 눈이 휘둥그레졌어. 그렇게나 오래된 유적이라고?!
기계도 없던 시절에 저렇게 커다란 돌을 어떻게 옮겼을까? 정말 놀라워!

1만 2천 년 전이면 얼마나 오래된 건가요?

▶ 이집트의 피라미드보다 무려 7천 년 이상 오래된 거야! 너무나 오래된 유적이라 남은 기록이 없어서, 많은 부분이 미스터리야. 발굴도 아직 10분의 1밖에 진행되지 않았대.

아브라함이 살던 마을 하란

또다시 차를 타고 달리자, 뾰족한 지붕이 돋보이는 건물들이 나타났어.

"이곳은 아브라함이 살았던 '하란'이라는 마을이야."

하란은 한적하고 작은 시골 마을이었어.

하지만 먼 옛날에는 상업과 무역으로 번성했던 도시였대.

지붕이 봉긋한 무덤처럼 생긴 전통 흙집에는 지금도 사람이 살고 있었어.

집안은 생각보다 꽤 시원했어.

햇살이 뜨거운 곳이라 더울 줄 알았는데! 신기하다~

전통 흙집 내부 모습

튀르키예 소녀 탈야의 이슬람교 일상 노트

튀르키예는 종교의 자유가 있는 나라지만, 국민 대부분이 이슬람교를 믿는단다. 이슬람교는 세계 3대 종교 중 하나로 유일신 알라를 숭배하는 종교야. 튀르키예 곳곳에서 이슬람교의 흔적을 찾아볼 수 있지. 특히 오늘 방문한 샨르우르파는 독실한 이슬람교 신자가 많은 도시래. 지금부터 이슬람교를 믿는 튀르키예 소녀 탈야의 삶을 차근차근 살펴볼까?

하루에 다섯 번 기도하기!

나는 새벽, 정오, 오후, 저녁, 밤 이렇게 **하루에 다섯 번 기도해**. 기도 시간에는 이슬람교의 성지인 사우디아라비아의 **메카**를 향해 절을 하지. 이슬람 사원에서는 하루 다섯 번 기도 시간을 알리는 소리인 '아잔'을 틀어 준단다.

히잡은 얼굴 일부와 머리를 둘러싸는 천이야. 알라에게 예의를 갖추기 위해 여자가 입지. 일상생활에서는 잘 입지 않는 편이지만, 모스크에 예배를 드리러 갈 때는 꼭 히잡을 써!

▲ 히잡을 쓴 튀르키예 여성들

▲ 예배 드리는 이슬람교 신자들

라마단 지키기!

이슬람력으로 아홉 번째 되는 달에는, 한 달 내내 해가 떠 있는 동안 음식을 먹지 않아. 대신 해가 진 후 온 가족이 모여 저녁을 푸짐히 먹어. 이 기간을 **라마단**이라고 해.

▲ 라마단에 먹는 푸짐한 저녁 식사

기다렸던 저녁 시간이야~ 많이 먹어야지!

나는 매년 새 옷을 입고 할머니께 인사 드리러 와.

탈야 왔구나~

쉐케르 바이람 즐기기!

라마단이 끝나면 3일간 '쉐케르 바이람'이라는 축제가 벌어져. 이때 우리는 새 옷을 입고 친척을 방문해. 어린이들은 이웃을 다니며 사탕을 얻어먹기도 하지. 이 기간에는 민족 대이동이 시작되니까, 여행 오면 안 돼~!

세마 의식 구경하기!

이슬람교에는 여러 종파가 있어. 그중 **'세마'**라는 특별한 의식을 통해 신과 소통하려는 사람들도 있지. **세마는 모자를 쓰고 기다란 하얀색 옷을 입고서 계속 빙글빙글 도는 춤이야.** 회전 속도가 빨라질수록 신과 더 가까워진다고 믿는대.

다른 그림 찾기

하란의 전통 흙집 근처에서 기념사진을 찍었어.
엥~ 그런데 두 장의 사진에서 다른 점이 눈에 띄네~!
모두 **여섯 군데**야. 어떤 곳인지 찾아볼까?

8일

나선애, 지중해의 푸른 하늘을 날다!

페티예 → 페티예 해변 → 아민타스 석굴 무덤 → 카야쾨이 → 달얀

튀르키예 최고의 휴양지 **페티예**

"우아~ 튀르키예에 이런 아름다운 바다도 있단 말이야?"

우리가 도착한 곳은 페티예야. 아름다운 지중해*를 끼고 있는 페티예는

※ 유럽, 아프리카, 아시아 대륙에 둘러싸인 바다

튀르키예에서 최고의 휴양지로 손꼽히는 도시래.

물이 어찌나 깨끗하고 맑은지 감탄이 나왔지!

우리는 유람선을 타고 깨끗한 지중해를 이곳저곳 둘러보았어.

물속에 들어가서 스쿠버 다이빙도 했지~ 헤헤!

그중에서도 가장 재미있었던 건 패러글라이딩이야!

"하나, 둘, 셋~!"

높은 언덕에서 뛰어내릴 때는 두 눈이 질끈 감겼어.

눈을 뜨니 지중해의 아름다운 풍경이 발밑에 펼쳐졌지!

와아아~ 정말 멋져!

시원한 지중해로 풍덩~

패러글라이딩이 재밌을 거 같아요! 위험하진 않나요?

▶ 전문가와 함께 정해진 코스를 비행하는 거라서 위험하지 않아. 지중해에서 불어오는 바닷바람을 맞으며 하늘을 나는 기분을 만끽할 수 있지!

아휴~ 긴장이 풀리니까 배가 너무 고팠어.

"선생님~ 괴즐레메 먹으러 가요!"

괴즐레메? 괴즐레메가 뭔데?

"괴즐레메는 얇고 커다란 밀가루 반죽에 치즈와 다진 고기를 넣고 기름에 부쳐낸 음식이야. 우리나라의 부침개랑 비슷해!"

오호~ 먹보 하다가 일부러 조사까지 했다지 뭐야.

맛은 어땠냐고? 겉은 바삭바삭~ 속은 쫀득~

아주 맛있었어! 튀르키예 음식은 정말 다 끝내주는 것 같아!

괴즐레메

맛있을 거 같아요! 속에는 어떤 재료가 들어가요?

▶ 전통적으로는 다진 고기와 치즈를 넣는데, 요즘은 바나나, 호두, 초콜릿 등 다양한 재료를 넣어서 맛있게 만든대. 튀르키예에 가면 꼭 먹어 봐~

 아민타스 석굴 무덤

헐! 밥 먹자마자 등산이야~ 선생님이 올라가서 봐야 할 게 있다고 하셨거든.

헉헉, 배부른 채로 산을 오르려니 힘들더라고. 이렇게 높은 데 뭐가 있다는 거지?

"어, 저기 좀 봐! 산 중턱에 신기한 문들이 보여!"

그러게? 저건 뭐지?

"저건 고대 리키아 왕국의 무덤이란다!"

만들어진 지 벌써 2,400년이나 됐다지 뭐야, 헐!

> 얘들아, 빨리 와~
>
> 어, 저기 좀 봐!
>
> 산 중턱에 신기한 문이 있네?
>
> 무덤을 왜 이렇게 높은 언덕에 만들었지?
>
> 리키아 사람들은 하늘에 가까워질수록 빨리 부활할 수 있다고 믿었대.

 리키아 왕국은 어떤 나라예요? ▶ 오늘날 튀르키예 남서부 해안 지대, 페티예 근처에 있던 고대 도시국가였어. 대대로 페르시아 제국, 로마 제국, 오스만 제국 등 여러 강대국의 지배를 받았단다.

유령 마을 카야쾨이

"얘들아, 이번엔 유령 마을 '카야쾨이'로 가보자."
으힝~ 유령 마을이라니! 무서웠지만 호기심도 들었어. 한번 도전해 볼까?
막상 가보니, 산비탈에 낡은 집들이 빼곡히 들어선 평범한 마을이더라고.
그런데 놀랍게도 이 마을에는 사람이 한 명도 살지 않았어.
"원래는 그리스인들이 모여 살던 곳인데, 지금은 모두 그리스로 떠나서 그래."
멀쩡한 마을에 사람이 아무도 살지 않아서 '유령 마을'이라고 불리는 거구나!

그리스 사람들은 왜 다 떠나갔어요?

▶ 그리스와 튀르키예가 큰 전쟁을 벌였거든. 전쟁이 끝나면서 튀르키예에 살던 그리스 사람들은 그리스로, 그리스에서 살던 튀르키예 사람들은 튀르키예로 쫓겨났어. 지금도 두 나라는 으르렁대는 사이야.

휴! 종일 돌아다녔더니 땀이 나네~

근처에 있는 달얀이라는 작은 도시에 진흙 목욕을 즐길 수 있는 곳이 있다고 해서 부지런히 움직였어.

"고대 이집트의 여왕인 클레오파트라도 이곳에 와서 우리처럼 진흙 목욕을 즐겼단다."

처음 진흙에 들어가려니 조금 망설여졌지만, 막상 온몸에 진흙을 바르니 너무 재밌어!

큭큭, 그런데 다들 진흙을 뒤집어쓰니 왜 이렇게 웃기지? 진흙 괴물이다~!

달얀 진흙 축제를 즐기는 사람들

용선생의 스페셜 가이드

튀르키예에서는 뭘 먹지?

튀르키예 요리는 세계 3대 요리 중 하나로 꼽힐 정도로 유명해. 유럽과 아시아의 경계에 위치한 만큼 동서양의 문화가 섞이며 다양한 요리가 발달했고, 드넓은 초원과 깨끗한 바다에서 나는 풍부한 식재료도 즐길 수 있지. 그럼 지금부터 튀르키예의 대표적인 음식들을 몇 개만 살펴볼까?

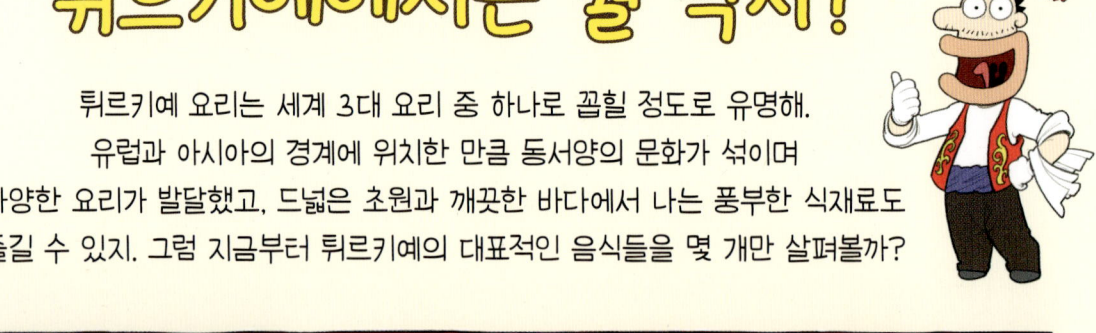

대표적인 튀르키예 음식, 케밥

되네르 케밥

케밥은 불에 익힌 고기 요리를 묶어 부르는 말이야. 수많은 케밥 중에서도 커다란 고깃덩어리를 돌려 굽는 되네르 케밥이 가장 유명해.

"고깃덩이를 큰 칼로 긁어서 먹어!"

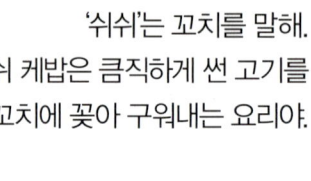

쉬쉬 케밥

'쉬쉬'는 꼬치를 말해. 쉬쉬 케밥은 큼직하게 썬 고기를 꼬치에 꽂아 구워내는 요리야.

아다나 케밥

곱게 간 고기를 떡갈비처럼 반죽한 다음 길쭉한 꼬치에 구워낸 케밥이야.

"아다나 케밥은 매운 맛이 일품이야!"

항아리 케밥

고기와 야채를 진흙 항아리에 넣고 굽는 음식이야. 고춧가루를 뿌리면 꼭 우리나라의 육개장 같단다.

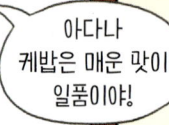

튀르키예인의 아침 식사, 카흐발트

빵 '에크멕'에 튀르키예식 홍차 '차이'를 먹어. 여기에 물소 젖으로 만든 버터에 꿀을 뿌려 먹는 '카이막', 올리브, 토마토 등을 곁들여 먹지.

이건 간단하게 먹는 빵 '시미트'!

특별한 날 먹는 음식

이 두 가지 음식은 잔치 때 꼭 먹는대!

'케슈케크'와 '바클라바'

결혼식이나 잔칫날 꼭 먹는 전통 요리야. 케슈케크는 밀과 고깃덩어리를 가마솥에 넣고 밤새 익혀 걸쭉한 죽처럼 만든 요리지. 바클라바는 튀르키예의 전통 파이인데, 아주 달콤해.

▲ 케슈케크

▲ 바클라바

특별한 간식

로쿰

옥수수 전분에 설탕과 견과류를 넣어 만든 튀르키예식 젤리야. 엄청나게 달아서 주로 차를 마실 때 곁들여 먹어.

돈두르마

튀르키예식 전통 아이스크림. 찰떡처럼 늘어나고 쫄깃한 맛이 특징이야.

숨은 물건 찾기

패러글라이딩을 즐기다가 찰칵! 사진을 찍었어.
그런데 사진마다 숨은 물건이 보이네~?
각각 두 개씩이야! 함께 찾아볼까?

찾아야 할 물건

왕수재, 셀축에서 그리스와 로마 건축에 반하다!

셀축 ▶ 에페스 유적지 ▶ 성모 마리아의 집

찬란했던 고대 도시 셀축

우리는 지금 버스 안이야. 옆에 앉은 두기가 어디로 가는지 궁금해 하는 것 같은데~

우리가 가는 곳은 셀축! 고대 그리스와 로마 제국의 흔적을 볼 수 있는 도시야!

"형, 여긴 튀르키예잖아~ 튀르키예에서 웬 로마 타령이야?"

어허~ 모르는 소리! 이곳 셀축은 튀르키예가 세워지기 훨~씬 전부터 고대 그리스와 로마 제국의 대도시로 번영했다고! 그래서 그 시절 유적이 많이 남아 있다는 사실!

그리스, 로마가 튀르키예랑 가까워요?

▶ 둘 다 가까운 편이야. 옛날 그리스와 로마 제국은 지중해 일대 전체에 영향을 끼칠 만큼 강력한 나라였지. 그래서 튀르키예에도 이들의 흔적이 많이 남아 있단다.

한참이나 버스를 탄 끝에 셀축에 도착! 어휴, 배가 너무 고프지 뭐야. 선생님이 점심으로 '피데'를 먹으러 가자고 하셨어.

피데는 튀르키예식 피자래~ 튀르키예에도 피자가 있구나?!

요리사 아저씨가 밀가루 반죽을 길쭉하고 납작하게 치대더니, 고기와 야채를 얹고 뜨거운 화덕에 구워냈어. 와~ 맛있는 냄새가 진동해!

"으앗~ 뜨뜨뜨거워!"

크크크. 그 뜨거운 걸 그냥 먹으면 어떡해~!

튀르키예식 피자 '피데'

튀르키예식 샐러드 '초반 살라타'

피데와 피자는 어떻게 다른가요?

▶ 피데는 피자와 달리 치즈가 올라가지 않아. 하지만 튀르키예 사람들은 피데가 피자의 원조라고 주장한단다.

📍 에페스 유적지

드디어 내가 그렇게 오고 싶어했던 곳! 에페스 유적지에 도착했어!

에페스는 옛 그리스와 로마 시대, 지중해의 대도시였어.

수천 년 전의 흔적이 잘 남아 있는 유적으로 유명하지.

신전, 도서관, 광장, 심지어 공공 화장실 유적까지 있다고!

"유럽 어디에서도 이만한 크기의 로마 유적지는 찾기 힘들단다."

선생님은 특히 우리 눈앞에 있는 도서관 건물이 유명하다고 하셨어.

와우! 지금은 뼈대만 남았는데도 위엄이 느껴져!

얘들아! 내 말 들려~?

와! 정말 잘 들린다!

여기는 관객이 2만 명 넘게 모이던 원형 극장이라고~!

❓ 에페스 유적지는 어떻게 이렇게 잘 보존된 건가요?

▶ 사실 지금은 많이 훼손된 모습이야. 지진과 전쟁 같은 재난 때문에 많은 건물이 무너졌고, 유적의 돌을 뜯어서 새 건물을 짓기도 했거든. 에페스가 워낙 큰 도시였기 때문에 훼손된 이후에도 이렇게 많은 흔적이 남은 거야.

 성모 마리아의 집

"다음으로는 예수의 어머니, 성모 마리아가 살았다는 집에 가 보자."

헐, 성모 마리아의 집이 여기에 있다고?

이곳은 교회를 다니는 사람들한테는 이미 성지 순례지로 유명하대.

그래서인지 세계 곳곳에서 모여든 사람들로 바글바글했지!

한쪽에는 성모 마리아님께 비는 소원을 쪽지에 적어서 붙여 놓는 벽도 있었어.

어디, 나도 한번 적어볼까? 뭘 적지~?

소원 쪽지가 붙어 있는 소원의 벽

성모 마리아님이 이 집에서 세상을 떠났다고 하는구나.

음… 진짜일까요?

여기도 사람이 많네!

❓ 여기가 진짜 성모 마리아의 집이에요?
▶ 역사적인 증거가 있는 건 아니고, 독일의 한 수녀님이 꿈을 통해 계시를 받았대. 신기하게도 그 수녀님의 꿈과 똑같은 집터가 튀르키예에서 발견된 거지. 그래서 이곳을 성모 마리아의 집으로 여기고 있단다.

하늘에서 내려다본 셀축 모습

"선생님, 스카이다이빙을 한다고요? 하늘에서 뛰어내리는 거 말이에요?"

셀축에서는 스카이다이빙을 할 수 있다지 뭐야!

우리는 경비행기를 타고 하늘 높이 올라갔어. 높이가 무려 3천 미터나 돼!

세상에! 바람이 마구 불어서 정신이 하나도 없어!!

"자~ 하나, 둘, 셋 하면 뛰는 거야~! 셋!"

으아아~ 여기서 어떻게 뛰어요?! 못해요 못해~ 어?! 누가 나 밀었어!

으아아악! 엄마아~!

스카이다이빙은 위험하지 않나요?

▶ 숙련된 조교가 함께 뛰기 때문에, 지시하는 것만 잘 따라 준다면 안전하게 즐길 수 있어! 다만 날씨가 조금만 나빠도 할 수 없다고 하는구나.

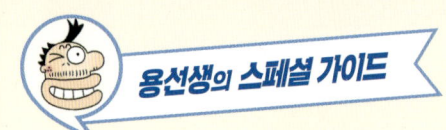

옛날 옛날, 튀르키예에는 어떤 사람들이 살았을까?

튀르키예는 역사가 정말 오래된 나라야. 오늘날 튀르키예가 세워지기 수천 년 전에 이미 튀르키예에는 큰 도시가 번성했고, 그 흔적도 고스란히 남아 있지. 오늘 살펴본 에페스도 그런 흔적 중 하나란다. 그럼 오늘은 먼 옛날 튀르키예 땅에 살았던 사람들에 대해 알아보자!

고대 문명의 요람 튀르키예

튀르키예에는 아주 먼 옛날부터 사람이 살았어. 그래서 수천 년이나 된 고대 유적이 정말 많지. 특히 '세계에서 가장 오래된 도시'로 불리는 **차탈휘위크**가 유명하고, '가장 오래된 사원'인 **괴베클리 테페**도 빼놓을 수 없어. 이들은 모두 7천 년에서 많게는 1만 년이 넘은 역사의 흔적이란다.

세계 최초로 철기를 쓴 히타이트

약 3600년 전에는 **'히타이트'**라는 나라가 오늘날 튀르키예 일대를 지배했어. 히타이트 사람들은 **세계 최초로 철기를 사용했다고 해.**
히타이트는 오늘날 튀르키예 땅을 호령한 강국이었고, 멀리 이집트까지도 군대를 보내 전쟁을 벌일 만큼 강력한 나라였어.
하지만 약 3200년 전, 히타이트는 알 수 없는 이민족의 침략을 받아 무너지고 말았단다.

히타이트의 수도 '하투샤'의 유적이야!

바다를 건너온 그리스 사람들

수백 년이 흐르고, 튀르키예에는 그리스 사람들이 정착하기 시작했어. 그리스는 튀르키예에서 서쪽으로 바다를 건너 가까운 곳에 있거든. 그리스 사람들은 배를 타고 바다를 건너와 튀르키예의 해안에 큰 도시를 여럿 건설했지. 오늘 살펴본 **'에페스'**도 이때의 그리스인들이 지었어. 에페스 말고도 수많은 철학자가 활약했던 **'밀레투스'**, 그리고 오늘날 튀르키예의 대도시인 **'이스탄불'** 같은 도시 역시 이때의 그리스인들이 건설했단다.

페르시아 제국과 알렉산드로스 제국

약 2,500년 전에는 동쪽에서 막강한 제국 페르시아가 등장했어. **페르시아**는 튀르키예 일대를 정복하고 바다 건너 그리스까지 쳐들어가기도 했지!
백여 년 후에는 그리스에서 **알렉산드로스 대왕**이 혜성처럼 등장했어. 알렉산드로스는 그리스를 호시탐탐 노리던 페르시아를 무찌르더니, 아예 페르시아를 정복하고 유럽과 아시아를 아우르는 대제국을 세웠단다. 이제 튀르키예 전체는 그리스인이 차지하게 됐어. 튀르키예 곳곳에 그리스인의 도시가 세워졌지.

▲ 알렉산드로스 대왕

▲ 페르시아 황제

로마 제국이 뿌리를 내리다

그리스의 뒤를 이은 건 서쪽의 이탈리아반도에서 힘을 키운 **로마 제국**이야. 로마는 튀르키예 일대를 차지한 뒤, 무려 천 년이 넘도록 튀르키예에 뿌리를 내렸지. 그러다 이민족의 침략으로 위기에 처하자, 오늘날 튀르키예의 수도인 이스탄불로 수도를 옮기고 제국의 서쪽 절반을 포기했어. 이렇게 튀르키예에 자리를 잡은 로마 제국을 **'동로마 제국'**, 혹은 **'비잔티움 제국'**이라고 한단다. 오늘날 튀르키예인은 이 로마인의 뒤를 이어 튀르키예에 자리를 잡은 거야!

숨은 인물 찾기

이곳은 에페스의 도서관 유적! 그런데 사람이 너무 많아~
흩어진 용선생과 아이들을 모두 찾아보자!

곽두기, 파묵칼레에서 온천을 즐기다!

파묵칼레 ▶ 히에라폴리스 ▶ 앤틱 풀

온천수가 만든 걸작 파묵칼레

드디어 여행 마지막 날! 우리는 파묵칼레에 왔어.

이곳은 기묘하게 생긴 새하얀 돌 때문에 세계적인 관광지가 된 곳이래.

"와~ 저게 돌이라고? 눈이 소복이 쌓인 것 같아!"

멀리서 봤을 땐 꼭 눈처럼 보였어.

그런데 가까이 가보니 정말 딱딱한 돌이 맞더라고.

"신비롭지? 튀르키예 사람들 눈에는 이게 목화솜처럼 보였나 봐."

오호라! 알고 보니 '파묵칼레'는 '목화의 성'이라는 뜻이래!

온천이라더니… 하나도 안 뜨겁잖아?

야, 그걸 왜 마시냐?

오오! 물에서 톡 쏘는 맛이 나!

물이 위에서 내려오다가 식어서 그래.

왜 다들 신발을 벗고 있어요?

▶ 하얀 돌을 보호하기 위해서야. 이 돌은 석회암인데, 석회암은 꽤 무른 돌이거든. 파묵칼레는 너무 많은 관광객들이 찾는 바람에 점점 예전의 모습을 잃어가고 있대.

그런데 하얀 돌 군데군데에 크고 작은 웅덩이들이 보이지 뭐야?
수영복을 입고 웅덩이에 몸을 담근 사람들도 많았어. 뭐지?
"땅속에서 스며 나온 온천수란다! 이 새하얀 돌들을 만들어 낸 주인공이지."
오? 알고 보니 이 온천수에는 하얀 석회 성분이 포함되어 있대.
선생님은 온천수가 오랜 세월 흐르며 물속의 석회 성분이 쌓여서
이렇게 새하얀 돌들이 만들어진 거라고 하셨어.
아하, 이 물에 그런 비밀이 있었구나!

정말 들어가도 돼요?

그럼! 너희도 얼른 들어와 보렴!

정말로 물에 들어가 볼 수 있나요?
▶ 환경 보호를 위해서 극히 일부 구간에서만 발을 담그거나 몸을 담글 수 있도록 허락하고 있어. 최근에는 온천수의 양도 점점 줄어서 기대했던 아름다운 모습을 보기는 힘들대.

고대 로마의 휴양 도시 **히에라폴리스**

파묵칼레 꼭대기에 올라 뒤편의 산을 바라보니, 웬 돌무더기들이 잔뜩 보였어.

알고 보니, 저곳은 고대 로마의 도시 유적이래.

"고대 로마의 유명한 휴양 도시 '히에라폴리스'란다.

온천에서 쉬면서 병을 치료하려는 사람들이 모여드는 도시였지."

우리는 부지런히 히에라폴리스로 향했어!

목욕탕과 경기장, 커다란 길 등 로마 시대 도시 흔적이 그대로 남아 있었지.

"그런데 이 도시는 왜 폐허가 된 거예요? 온천은 계속 나오는데……."

이곳은 옛날에 큰 지진이 나서 폐허가 됐었대.

수백 년이 지난 후에야 발굴이 됐고, 지금도 계속 발굴 중이지.

히에라폴리스는 얼마나 큰 도시였나요?

▶ 한때는 이 일대에서 손꼽히는 대도시였어. 인구는 10만 명이 넘었고, 로마 제국의 황제도 여럿 들렀을 정도야. 이집트의 클레오파트라도 이곳을 좋아했다는 이야기가 있단다!

지진이 만든 온천 목욕탕

이제는 우리도 직접 온천을 즐겨볼 차례! 앤틱 풀이란 곳으로 갔어.

"여기는 유적 아니에요? 유적에서 목욕을 한다고요?"

앤틱 풀은 지진으로 무너진 유적에 온천물이 솟아 나와 만들어진 온천 목욕탕이었지.

그래서 자세히 들여다보니 온천물 아래 오래된 기둥들이 쓰러져 있더라고!

고대 유적 위에서 목욕을 즐기다니… 정말 신기한 경험이야!

다양한 튀르키예 요리들

어느덧 튀르키예에서 보내는 마지막 날이 찾아왔어. 선생님이 팔짱을 끼고 물었지.

"얘들아, 튀르키예를 떠나기 전에 마지막으로 하고 싶은 게 뭐니?"

우리는 모두 입을 모아 외쳤어.

"튀르키예 요리를 잔뜩 먹고 싶어요!"

헤헤~ 그만큼 튀르키예에서 먹었던 음식은 정말 우리 입맛에 딱이었거든! 자~ 마지막 밤의 아쉬움을 튀르키예 음식으로 채워 볼까나?

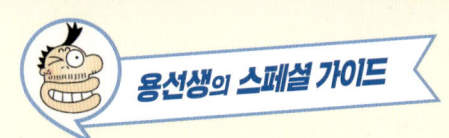

튀르키예의 세계 문화유산을 찾아서

튀르키예 여행은 즐거웠니?
그런데 튀르키예에는 아직도 가보지 못한 명소가 많이 남았단다.
그중에서도 놓치면 아쉬운 튀르키예의 세계 문화유산을 찾아가 볼까 해.
여행이 끝난 게 아니니까, 수첩과 카메라는 아직 넣지 마!
자, 그럼 출발!

넴루트산 콤마게네 왕국 유적

여기는 튀르키예 동남부에 있는 콤마게네 왕국의 유적이야. 콤마게네 왕국은 약 2,200년 전 튀르키예의 동남부에 있었던 왕국이지. 이 유적지는 높이가 무려 2,000미터가 넘는 **넴루트산 꼭대기에 있는 신전 유적**이란다. 머리 크기가 어른 키만 한 신상의 규모가 압도적이지!

엄청 크다~

잘린 머리 크기만 2미터나 돼!

셀리미예 자미

튀르키예가 자랑하는 최고의 건축가, **미마르 시난이 지은 모스크야**. 미마르 시난은 오스만 제국 시절의 건축가인데, 수백 개가 넘는 건물을 지은 것으로 유명하지. 이 모스크는 시난이 자기가 지은 건물 중 최고로 아름답다고 이야기해서 더 유명해졌어.

미마르 시난
(1489년~1588년)

미마르 시난은 튀르키예 최고의 건축가야.

모스크의 커다란 돔과 뾰족한 탑 같은 건축 양식을 완성한 분이지!

페르가몬 왕국 유적

튀르키예의 **베르가마**는 고대 페르가몬 왕국이 번성했던 곳이야. 예술, 철학 등 각종 학문이 발전한 문화의 중심지였지. 페르가몬의 도서관은 지중해 일대에서 두 번째로 책이 많은 도서관이었대.

옛 페르가몬 왕국의 모습을 복원한 거야!

숨은 단어 찾기

드디어 튀르키예 여행 마지막 날!
아래 표에는 지금까지 튀르키예를 여행하며 알게 된 단어가 숨어 있어.
숨은 단어는 모두 10개! 함께 찾아볼까?

어려우면 책을 다시 한번 읽어 봐~

샨	르	우	르	파	파	르	예	케	앤
케	마	앤	셀	히	에	라	폴	리	스
카	유	터	유	르	마	밥	르	석	파
파	키	케	이	키	폴	돈	두	르	마
도	팝	오	스	만	제	국	예	키	몬
키	르	셀	탄	몬	파	석	앙	케	터
아	석	폴	불	밥	폴	케	터	카	르
케	타	앤	유	케	파	에	파	에	라
몬	아	튀	타	스	마	묵	터	유	마
차	케	폴	르	파	터	셀	칼	파	터
이	몬	밥	이	크	파	샤	폴	레	케

❶ 튀르키예에서 제일 큰 도시. 튀르키예의 수도는 아니지만, 가장 유명하고 볼거리도 많아.

❷ 쫄깃하고 잘 녹지 않는 **튀르키예식 아이스크림**이야.

❸ **튀르키예 사람들이 자주 마시는 차**. 잎을 진하게 우려서 설탕만 듬뿍 넣어 마시는 차야.

❹ **튀르키예의 수도**는?

❺ **독특한 바위 지형이 유명한 지역**이야. 열기구를 타면 신기한 지형을 구경할 수 있대.

❻ 오늘날 튀르키예를 세우는 데 큰 역할을 한 **분**이야. '튀르키예의 아버지'란 뜻이지.

❼ **튀르크인이 튀르키예 땅에 세웠던 나라**야. 서아시아를 지배하며 유럽과 아시아를 호령했지.

❽ 불에 익힌 고기 요리를 의미해. **튀르키예의 대표적인 음식**이지.

❾ **새하얀 돌이 아름답기로 유명한 곳**이야. '목화의 성'이라는 뜻이래.

❿ **고대 로마 때 유명한 휴양 도시**였어. 이집트의 클레오파트라도 좋아했대.

안녕~ 튀르키예!

여행은 즐거웠니?
여행하며 배운 내용을 다시 한번 확인해 볼까?

퀴즈로 정리하는 튀르키예

튀르키예 땅은 어떻게 생겼을까? 지리

다음 문장을 읽고 옳은 것에는 O, 틀린 것에는 X에 동그라미를 쳐 보자.

1. 튀르키예의 영토 주변에는 바다가 없어. (O , X)

2. 튀르키예 국토의 넓이는 한반도와 비슷한 수준이고, 수도는 이스탄불이야. (O , X)

3. 튀르키예는 유럽과 아시아 사이에 자리 잡은 나라야. (O , X)

튀르키예는 어떤 역사를 가지고 있을까?

 역사

보기 에서 알맞은 단어를 찾아 빈칸에 써 보자!

보기 튀르크, 쿠르드, 아야 소피아, 블루 모스크, 콘스탄티노폴리스, 그리스, 프랑스

4. 튀르키예는 (   )인이 세운 나라야.

5. 튀르키예에는 먼 옛날 고대 (   )의 도시도 많이 지어졌어.

6. 한때 동로마 제국의 수도였던 이스탄불의 이름은 (   )였어.

7. (   )는 동로마 제국 시절 지어진 성당이야. 오늘날에는 이슬람교 사원으로 쓰이고 있지.

튀르키예 사람들은 어떤 모습으로 살아갈까?

문화

다음 문장을 읽고, 알맞은 답을 골라보자.

8 튀르키예는 국민 대다수가 (   )를 믿는 나라야.
　　① 불교　　② 이슬람교　　③ 크리스트교

9 (   )은 녹말과 설탕으로 만드는 젤리야. 튀르키예의 전통 간식으로 아주 유명하지.
　　① 차이　　② 케밥　　③ 로쿰

10 (   )은 튀르키예식 목욕탕이야. 사우나에서 때를 불리고 거품으로 목욕하는 게 특징이지.
　　① 하맘　　② 바자르　　③ 괴베클리 테페

튀르키예는 어떤 산업이 발달했을까?

경제

튀르키예 경제에 대한 설명을 읽고, 알맞은 단어에 동그라미를 쳐 보자.

11 튀르키예는 세계에서 손꼽힐 정도로 (관광 산업 / 첨단 산업)이 발달했어.

12 튀르키예는 (저렴한 / 값비싼) 임금과 유럽 시장과 (가깝다 / 멀다)는 이점 때문에 세계적인 기업들의 생산 공장이 많이 진출해 있는 나라야.

정답

1일

2일

3일
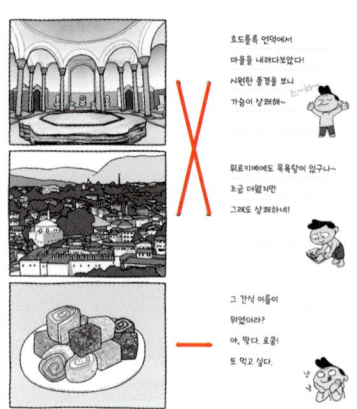

4일

5일

6일

7일

8일

9일

10일

퀴즈로 정리하는 튀르키예 〈정답〉

나도 여행을 함께 했는데, 알고 있었니? 몰랐다면 다시 한 번 읽어봐~

1 X	2 X	3 O	4 튀르크
5 그리스	6 콘스탄티노폴리스	7 아야 소피아	8 ②
9 ③	10 ①	11 관광 산업	12 저렴한, 가깝다

〈사진 제공〉

[셔터스톡] Nejdet Duzen, Esin Deniz, Goran Bogicevic, Mehmet Cetin, fulya atalay, Luciano Mortula – LGM, Artur Bogacki, Toni Genes, Hyserb, epic_images, Resul Muslu, Nasimi Babaev, ihsan Gercelman, OnurTonba, EvrenKalinbacak, Firdes Sayilan, StockphotoVideo, Thomas Wyness, Naeblys, thomas koch, Anna Krivitskaya, Yasemin Olgunoz Berber, Nelson Antoine, Suat Eracar, Lefteris Papaulakis, D_Zheleva, Bisual Photo, gd_project

[위키피디아] Sahar.Ahmed, Modris Putns, Bigdaddy1204, Nevit Dilmen, Carole Raddato, Bjørn Christian Tørrissen, resim77, Kurdirasti, Kurdishstruggle, Sue Fleckney, Miansari66

※ 퍼블릭 도메인은 표기하지 않았습니다.

용선생이 간다 : 튀르키예
세계 문화 여행 ⑩

1쇄 발행 2021년 2월 26일
5쇄 발행 2025년 1월 24일

글 사회평론 역사연구소
구성 양민재
그림 김기환
자문 및 감수 채미정
캐릭터 이우일
어린이사업본부 이승필
편집 송용운, 김언진, 오영인, 김형겸, 윤선아
마케팅 윤영채, 정하연, 안은지, 박찬수
경영지원 나연희, 주광근, 오민정, 정민희, 김수아, 김승현
디자인 박효영
조판 디자인 톡톡

펴낸이 윤철호
펴낸곳 ㈜사회평론
전화 02-326-1182
팩스 02-326-1626
주소 03993 서울시 마포구 월드컵북로6길 56 사평빌딩
용선생 클래스 yongclass.com
출판등록 1993년 10월 6일 제10-876호

ⓒ사회평론, 2021
ISBN 979-11-6273-157-4 77900

* 이 책 내용의 일부나 전부를 다시 사용하려면 저작권자와 사회평론의 동의를 받아야 합니다.
* 잘못 만들어진 책은 구입하신 곳에서 바꾸어 드립니다.

종이에 손을 베지 않도록 주의하세요.
책 모서리에 다칠 수 있으니 책을 던지지 마세요.